国家卫生健康委员会“十三五”规划教材配套教材
全国高等学校配套教材
供本科应用心理学及相关专业用

心理学基础学习指导与习题集

第2版

主　编　杨世昌　吕　航
副主编　李　秀　乔正学
编　者（以姓氏笔画为序）

王　赟（新乡医学院）
吕　航（南京中医药大学）
吕璐莎（福建中医药大学）
乔正学（哈尔滨医科大学）
孙丽君（新乡医学院）
杜文东（南京中医药大学）
李　秀（皖南医学院）
李成冲（齐齐哈尔医学院）
杨世昌（新乡医学院）
何志芳（江西中医药大学）
张丽军（哈尔滨医科大学）
陈庆荣（南京师范大学）
侯日霞（济宁医学院）
高　岩（天津医科大学）
龚　茜（赣南医学院）
覃玉宇（广西医科大学）
潘　玲（河南中医药大学）

学术秘书　王　赟（兼）

人民卫生出版社

图书在版编目(CIP)数据

心理学基础学习指导与习题集 / 杨世昌，吕航主编. —2 版.
—北京：人民卫生出版社，2018
全国高等学校应用心理学专业第三轮规划教材配套教材
ISBN 978-7-117-27736-5

Ⅰ. ①心… Ⅱ. ①杨… ②吕… Ⅲ. ①心理学 - 医学院校 - 教学参考资料 Ⅳ. ①B84

中国版本图书馆 CIP 数据核字(2018)第 245939 号

心理学基础学习指导与习题集
第 2 版

主　　编：杨世昌　吕　航
出版发行：人民卫生出版社（中继线 010-59780011）
地　　址：北京市朝阳区潘家园南里 19 号
邮　　编：100021
E - mail：pmph @ pmph.com
购书热线：010-59787592　010-59787584　010-65264830
印　　刷：天津安泰印刷有限公司
经　　销：新华书店
开　　本：787 × 1092　1/16　　**印张**：7
字　　数：175 千字
版　　次：2013 年 10 月第 1 版　　2018 年 12 月第 2 版
2018 年 12 月第 2 版第 1 次印刷（总第 3 次印刷）
标准书号：ISBN 978-7-117-27736-5
定　　价：20.00 元
打击盗版举报电话：010-59787491　E-mail：WQ @ pmph.com
（凡属印装质量问题请与本社市场营销中心联系退换）

前　言

本书是国家卫生健康委员会“十三五”规划教材《心理学基础》(第 3 版)的配套教材。2007 年,人民卫生出版社组织启动出版了“全国高等院校应用心理学专业系列规划教材”,为培养应用心理学专业人才提供统一的“主干教材”。经过 5 年的教学实践验证,2012 年人民卫生出版社进行该系列教材的修订工作,同时也启动该系列教材配套教材的编写工作,《心理学基础学习指导与习题集》的第 1 版于 2013 年 10 月份出版。2016 年该系列教材进行第 3 版的修订编写工作,同时继续进行相关配套教材的编写,《心理学基础学习指导与习题集》(第 2 版)作为该系列规划教材的配套教材,按照要求进行了组织与编写工作,经各位编者一年多的辛勤劳动,如期完成撰写任务。

由于本次主干教材中增加了融合数字化内容,作为配套教材的《心理学基础学习指导与习题集》的内容按照《心理学基础》(第 3 版)为蓝本,同时兼顾融合教材的内容,新修订的内容均在相应章节予以相应知识点的修订。为确保本书使用时思维的连贯性,本次修订由上一版两大部分的学习指导和习题,修订为每章节包含该章节的学习要求、教材精要、习题及参考答案三部分。第一,学习要求列出本章学习过程中需要掌握、熟悉以及了解的知识点。第二,教材精要原则上是通过对主教材精要的方式呈现各章的教学基本内容,强调了教学的重点。第三,通过习题部分强化本章的主要内容和主要知识点,并在各章节的最后附有参考答案或答案要点。本书适合应用心理学及相关专业学生学习时同步学习或学习后的复习,同时适应相关专业攻读硕士研究生入学考试的复习。

全书由各位编委通力合作,主编、副主编进行统稿,在此对各位编委的付出和所在单位的大力支持致以诚挚的谢意。衷心希望这本凝聚着大家心血的配套教材,能够对提高《心理学基础》课程的教与学的教学效果等方面有所帮助。

参加编写的工作人员均是活跃在教学一线的专业工作者,尽管对所撰写的章节内容均很熟悉并有相关的研究,各位编委亦很尽力,经反复审稿、互审,但由于水平有限,时间仓促,学科发展速度之快,书中难免存在不完善甚至疏漏之处,敬请读者在学习应用中提出宝贵意见和建议,以期再次修订时进一步提高质量。

杨世昌

2018 年 8 月

目　录

第一章 绪 论

一、学习要求

掌握内容：心理现象的涵义；心理现象的结构；心理与脑；心理学的性质；心理学研究的常用方法。

熟悉内容：心理与客观现实；心理与主观状态；心理学的任务；心理学的流派和主要观点。

了解内容：心理学的体系；心理学的分支研究领域；心理学研究的基本原则；现代心理学的起源。

二、教材精要

（一）内容简介

本章介绍了心理现象的涵义、结构；心理与脑之间的关系；心理学的性质、任务、体系；心理与客观现实、主观状态之间的关系；心理学的常用研究方法；心理学的流派和主要观点；现代心理学的起源；心理学研究的基本原则。

（二）教材知识点

1. 心理现象的涵义

（1）心理现象：就是心理活动或精神活动在发生、发展、变化过程中所表现出来的形态、特征与联系，简称心理。

（2）心理学：心理学是研究心理现象及其活动规律的科学。

2. 心理现象的结构　心理学为了具体研究的需要，通常将人的心理现象分为心理过程和个性两大方面（图1-1）。

- 心理现象
  - 心理过程
    - 认知过程　感觉、知觉、记忆、想象、思维、言语
    - 情绪过程
    - 意志过程
  - 个性
    - 个性倾向性　需要、动机、兴趣、信念等
    - 个性心理特征　能力、气质、性格

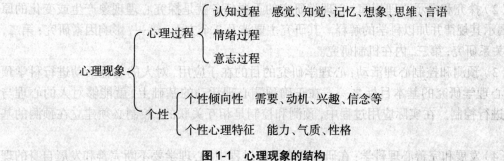

图1-1　心理现象的结构

（1）心理过程：人的某些心理现象具有鲜明的动态特性，其活动呈现出一个明显的发生、发展或变化以至结束的过程。①认知过程：认知过程是指人反映事物本身特性的心理过程，包括感知觉、记忆、想象与思维、言语等。②情绪过程：情绪过程是反映事物与主体需要之间关系的心理过程。③意志过程：意志过程是人在活动中自觉确定目标并据以规划行动、克服困难的心理过程。

（2）个性：个性指人的稳定而独特的整体性的心理面貌。

1）个性倾向性：个性倾向性是反映人对事物的稳定心理倾向和行为趋向的个性成分，包括需要、动机、兴趣、价值观等。

2）个性心理特征：个性心理特征是人在心理过程中经常表现出来的稳定的心理特点，具体包括能力、气质和性格。

3. 心理与脑

（1）心理是脑的机能，脑是产生心理的器官。

（2）现代科学研究还表明，脑产生心理现象的方式是反射。反射，是有机体借助神经系统对内外刺激的有规律的反应。

（3）反射包括 3 个环节：①开始环节；②中间环节；③终末环节。

（4）从反射的结构可知，心理现象与行为密不可分：一是，心理是支配行为的内因；二是，行为是心理的外在表现。

4. 心理与客观现实

（1）人的心理的源泉是客观现实，离开了客观现实的刺激作用，人脑自身是不能单独产生心理活动的。

（2）客观现实，是指不依赖心理主体而存在的一切事物，包括自然现实和社会现实。

5. 心理与主观状态 每个人自身的主观状态必然对其心理产生这样或那样的影响，主要表现在以下两个方面：

（1）折射性：是指人对客观现实的反映要通过自身主观状态的中介。

（2）能动性：是指人对客观现实的反映不是消极、被动的，而是积极、主动的。

6. 心理学的性质 心理学的研究对象即心理现象，是一种非常复杂的现象，它兼有自然属性和社会属性。因此，心理学是一门介于自然科学和社会科学之间的交叉学科。

7. 心理学的任务

（1）描述和测量心理现象：心理学研究最基本的任务就是从质和量上描述和测量心理现象的具体事实。

（2）探究和揭示心理规律：心理学研究的重要任务就是探究心理现象产生或变化的原因，揭示其规律并加以科学的解释。其研究主要涉及 3 个方面：第一，影响因素研究；第二，因果关系研究；第三，内在机制研究。

（3）预测和控制心理活动：心理学研究的目的在于应用，对人的心理活动进行科学预测是心理学研究的基本目标之一。在正确预测心理活动的基础上，就能够对人的心理与行为进行控制。在实际应用过程中，预测和控制是相互关联的，控制必须建立在预测的基础上。

（4）发展和完善心理科学：在研究和应用的过程中，心理学要不断完善和发展自身的理论体系及学科水平。将现实中的各种心理现象和心理事实梳理成为彼此有机联系的思想体系，并用简洁的方式加以表述，这是心理科学致力追求的目标。

8. 心理学的分支研究领域

(1)基础研究学科，主要包括：①普通心理学；②实验心理学；③认知心理学；④神经心理学；⑤心理测量学。

(2)应用研究学科，主要包括：①教育心理学；②社会心理学；③管理心理学；④医学心理学；⑤健康心理学。

9. 心理学研究的基本原则

(1)客观性原则：客观性原则是指研究者要尊重客观事实，按照事物的本来面貌来反映事物。

(2)系统性原则：系统性原则是指研究者要用系统论的方法，把人的心理作为一个整体的、有序的、开放的系统来加以考察。

(3)发展性原则：发展性原则是指研究者要将人的心理活动看作一个动态的变化发展过程来加以考察。

10. 心理学研究的常用方法

(1)观察法：观察法是指在自然情境中或预先设置的情境中对人的行为进行观察记录，以了解其心理活动及其变化、发展规律的研究方法。

(2)调查法：调查法是指以"问-答"的方式考察被调查者的心理倾向和心理特征的研究方法。调查法分为书面调查法和口头调查法两种。

1)书面调查法：也称问卷法，是研究者根据研究课题的需要，预先拟订出问题表格(问卷)，让被调查者按一定要求用书面形式回答，以收集研究资料和数据的调查方法。

2)口头调查法：也称访谈法，是研究者根据研究课题的需要和预先拟订好的问题，逐一向被调查者进行询问，并记录其回答的调查方法。

(3)实验法：实验法是在人为控制的情境下，有目的地操纵某种刺激变量，以引起被试的某种特定反应，进而从中探察相应心理现象的成因与规律的研究方法。

1)实验法的运用涉及3种变量：自变量、因变量及控制变量。采用实验法进行心理学研究的目的，是在人为控制的情境下，探究自变量与因变量之间的内在关系。

2)实验法可分为自然实验法和实验室实验法。自然实验法是指在实际生活情境中，对实验条件作适当控制以进行实验的方法。实验室实验法是指在严格控制的实验条件下，借助于专门的实验仪器以进行实验的方法。

(4)测验法：测验法是指用标准化的量表对被试的心理特征或心理倾向进行测量的研究方法。

(5)个案法：个案法是对某一个体进行深入而详细的了解与研究，经过分析、归纳，发现影响个体某种行为与心理现象的原因。

11. 现代心理学的起源 探讨现代心理学的起源应从其在哲学起源和在科学起源两个方面来进行。

(1)西方心理学的哲学起源

第一，古希腊罗马时期。时间跨度大致是公元前6世纪至公元5世纪。在这一阶段里，原始社会末期所产生的万物有灵论的观念主要沿着3条思想线索进行发展：一是原子论的心理学思想；二是理念论的心理学思想；三是生机论的心理学思想。

第二，中世纪的心理学思想。5~16世纪是欧洲的封建社会。这个时期的心理学思想几乎没有太大的进展，而且还染上了宗教神学的色彩。以神化的神经官能心理学思想和反教会的感觉经验论心理学思想为主要内容。

第三，文艺复兴时期与近代的哲学心理学思想。欧洲的文艺复兴大约始于15世纪中叶，终于17世纪初。心理学受当时思想影响，要求用经验的方法研究人的现实心理现象。各国政治、经济和文化发展上的不平衡，使各国心理学产生了不同的理论和派别，心理学思想也具有了不一样的特点，概括起来，经验主义和理性主义两种心理学思想最具代表性。

（2）西方心理学的科学起源

1）医学与心理学。到了公元前6世纪的古希腊时期，医学已有相当大的进展，成为哲学和自然科学的一个部分，也出现了身兼哲学家和医学家双重身份的智者。他们从医学实践中总结出一些有益的心理学知识，促进了人类对自身的认识。

2）心理学与天文学。在天文学中，德国天文学家贝塞尔根据人们观察天象时产生的时间上的个别差异计算“人差方程式”，以便能消除天文工作者在天文计算中的人为差异。人差方程式的发现激发人们对反应时的研究兴趣，也给早期的实验心理学提供了直接的研究课题。

3）心理学与生理学。一些生理学家采用科学的实验方法来研究心理过程的生理机制，取得了大批科学成果，形成了介于生理学和心理学之间的生理心理学。

4）心理学与物理学。物理学对心理学的影响有直接和间接两个层面。在间接方面，由于物理学从哲学中分化出来较早，其所采用的实验方法运用到生理学，促进了生理学的独立和发展，同时物理学中如电学、光学和声学等成果促进了生理学对神经生理学和感官生理学的研究，这些都为实验心理学的产生起到推波助澜的作用。在直接影响方面，物理学与心理学直接结合，形成心理物理学，为心理学实验和量化研究提供了新方法，并为冯特建立实验心理学奠定了基础。

12. 心理学的主要流派和主要观点

（1）构造主义心理学：构造主义心理学认为，心理学的任务是分析和说明意识经验的构成元素以及它们相互结合的方式和规律，主要研究方法为实验内省法。

（2）机能主义心理学：该学派产生于美国，代表了美国心理学发展的方向。它认为心理学应研究意识的机能，重视心理学在实践领域的应用，强调心理适应的重要性。

（3）精神分析学派：该学派1895年产生于奥地利，创始人弗洛伊德是一位杰出的精神病医生及思想家。该学派既是一种神经症的治疗方法和理论，又是一种潜意识心理学体系。就它在心理治疗领域的地位来看，它既是系统的疗法，也是整个现代心理治疗的基石之一。

（4）新精神分析学派：新精神分析学派吸收了精神分析学派的精髓，同时克服了弗洛伊德等人的一些极端论点，更多地关注社会活动在人类心理形成和发展中的作用。

（5）行为主义心理学：行为主义心理学是由美国心理学家华生于1913年创立的。该学派把心理学看成一门纯粹的自然科学，反对用内省法研究内部的意识活动，主张用客观实证的方法去考查外显行为、试图用“刺激-反应”（S-R）公式来解释行为，并达到预测、控制人的行为的目的。

（6）新行为主义心理学：新行为主义者仍然坚持行为主义的客观化立场，同时也接纳了认知心理学的某些观点，对一些比较激进和极端的观点进行了修正，该学派的产生可以看出学派之间开始出现一些融合的趋势。

（7）格式塔心理学：格式塔心理学是由惠特海默、柯勒和考夫卡等心理学家共同创立的心理学派。这个学派注重知觉原理的研究，强调经验和行为的整体性，主张以整体的动力结构来研究心理现象，它是一种反对元素分析而注重整体组织在认识活动中的作用的心理学理论体系。

（8）皮亚杰学派：也称日内瓦学派，由皮亚杰创立。该学派通过对儿童心理的研究，把生物学与认识论和逻辑学相沟通，以揭示人类认识增长的机制，从而把传统的认识论改造成为一门实证的经验科学。

（9）人本主义心理学：该学派的代表人物有马斯洛、罗杰斯和罗洛梅等，他们更多地从哲学和人文的角度强调人的本性的价值、人的尊严，主张心理学的研究要从人的角度出发，更多地尊重每个人的特点，而不是仅从方法的角度认识心理。人本主义心理学强调人的整体性，独特性和自主性；强调人的潜能在人格发展中的作用；强调把自我实现、自我选择和健康人格作为人生追求的目标；强调实施心理治疗和社会改造等。

（10）认知心理学：认知心理学主要研究深层次的思维策略与初级信息加工的关系，把人的认知活动用计算机进行功能模拟，用信息加工的观点看待人的认知过程，他们认为人的认知过程是一个主动地寻找信息、接收信息，并在一定的信息结构中进行加工的过程。

（三）本章小结

本章介绍了心理现象的涵义和结构，对心理学的定义、性质、任务、体系做了阐述；对心理与脑、客观现实以及主观状态之间的关系、心理学的研究方法、基本原则进行了说明；对心理学的起源、发展以及各派流的主要观点进行了介绍。

（杜文东）

三、习题及参考答案

一、单项选择题

1. 心理学是研究（　　）的科学
   A. 心理现象及其活动规律　　B. 除精神病人心理以外的心理现象
   C. 除动物以外的心理现象　　D. 正常成人心理现象
2. 心理现象可分为（　　）
   A. 心理过程和个性　　B. 认知、情感和意志
   C. 心理过程和个性心理特征　　D. 认知、情感、意志和性格
3. 心理过程包括（　　）
   A. 认知、情感和意志　　B. 能力、气质和性格
   C. 知、情、意和能力　　D. 感觉、知觉、记忆和思维
4. 由于人的心理和行为之间的关系使得我们（　　）通过人的行为客观地研究其心理
   A. 可以　　B. 难以
   C. 没法　　D. 只能在某些方面
5. 心理学是（　　）
   A. 自然科学
   B. 社会科学
   C. 既不是自然科学也不是社会科学
   D. 自然科学和社会科学相结合的交叉科学
6. 科学心理学的创始人是（　　）
   A. 冯特　　B. 韦伯

C. 费希纳　　D. 艾宾浩斯

7. 铁钦纳是(　　)学派的创始人

A. 格式塔心理　　B. 构造主义心理

C. 机能主义心理　　D. 行为主义

8. (　　)是行为主义学派的主要特点

A. 分析成人的心理的基本元素　　B. 从整体上研究心理现象

C. 研究心理在适应环境中的机能　　D. 研究刺激和反应之间的关系

9. (　　)心理学被称为心理学的第三势力

A. 机能主义　　B. 精神分析

C. 行为主义　　D. 人本主义

10. (　　)是生理心理学研究的对象

A. 构成心理的基本元素

B. 信息的输入、编码、转换、储存和提取的过程

C. 心理活动的生理基础和脑的机制

D. 心理在适应环境中的机能

二、多项选择题

1. 心理学的研究方法有(　　)

A. 观察法　　B. 调查法

C. 实验法　　D. 测验法

2. 个人自身的主观状态必然对其心理产生影响。这种影响主要表现在以下方面(　　)

A. 能动性　　B. 原则性

C. 客观性　　D. 折射性

3. 心理学研究的基本原则(　　)

A. 客观性原则　　B. 系统性原则

C. 发展性原则　　D. 简单性原则

三、名词解释

1. 心理学
2. 心理现象
3. 心理过程
4. 认识过程
5. 情绪过程
6. 个性
7. 个性倾向性
8. 个性心理特征

四、简答题

1. 试述心理现象的结构。
2. 举例说明人的心理的实质。
3. 简述心理学的研究任务。
4. 简述心理学的主要流派。

参考答案

一、单项选择题

1. A 2. A 3. A 4. D 5. D 6. A 7. B 8. D 9. D 10. C

二、多项选择题

1. ABCD 2. AD 3. ABC

三、名词解释

1. 心理学:心理学是研究心理现象及其活动规律的科学。

2. 心理现象:就是心理活动或精神活动在发生、发展、变化过程中所表现出来的形态、特征与联系,简称心理。

3. 心理过程:人的某些心理现象具有鲜明的动态特性,其活动呈现出一个明显的发生、发展或变化以至结束的过程。

4. 认知过程:认知过程是指人反映事物本身特性的心理过程,包括感知、记忆、想象、思维与语言等。

5. 情绪过程:情绪过程是人反映事物与自身需要之间关系的心理过程。

6. 个性:个性指人的稳定而独特的整体性的心理面貌。

7. 个性倾向性:个性倾向性是反映人对事物的稳定的心理倾向和行为趋向的个性成分,包括需要、动机、兴趣、价值观等。

8. 个性心理特征:个性心理特征是人在心理过程中经常表现出来的稳定的心理特点,具体包括能力、气质和性格。

四、简答题

1. 试述心理现象的结构。

答案要点:心理学为了具体研究的需要,通常将人的心理现象分为心理过程和个性两方面,具体见下图:

人的心理现象
- 心理过程
  - 认知过程 感觉、知觉、记忆、想象、思维、言语
  - 情绪过程
  - 意志过程
- 个性
  - 个性倾向性 需要、动机、兴趣、信念等
  - 个性心理特征 能力、气质、性格

2. 举例说明人的心理的实质。

答案要点:(1)心理是脑的机能,脑是产生心理的器官。如生下来就没有脑的“无脑畸形儿”,没有心理活动;人脑的发育、发展水平,直接制约人的心理活动的水平;人脑的某一部位受到损伤或发生病变,会使人丧失相应的心理活动。

(2)心理的源泉是客观现实,离开了客观现实的刺激作用,人脑自身是不能单独产生心理活动的。如个别个体在早期缺少言语的刺激,就无法产生言语,狼孩、猪孩等例子就说明人的心理不但要有人的大脑也要有人类社会的客观环境刺激才能产生相应的心理。

(3)人对客观现实的反映是在实践活动过程中发生的,它不仅受到客观事物的影响,而

且还积极能动地反作用于客观现实，即主动地把外界事物转化为主观的内容，又通过实践活动使主观作用于客观。上述反映具有折射性和能动性。

3. 简述心理学的研究任务。

答案要点：(1)描述和测量心理现象。

(2)探究和揭示心理规律。

(3)预测和控制心理活动。

(4)发展和完善心理科学。

4. 简述心理学的主要流派。

答案要点：(1)构造主义心理学。

(2)机能主义心理学。

(3)精神分析学派。

(4)行为主义心理学。

(5)格式塔心理学。

(6)皮亚杰学派。

(7)人本主义心理学。

(8)认知心理学。

(杜文东)

第二章　心理的生物基础和社会基础

一、学习要求

掌握内容：神经系统的结构、功能；信息传递的方式及过程；神经递质和受体；大脑皮层的功能；环境对人心理的影响；团体中的心理效应；个体社会化的基本途径、内容和结果。

熟悉内容：脑的进化过程；团体中的人际关系。

了解内容：脑功能的各种学说；文化对人类心理的影响。

二、教材精要

（一）内容简介

本章介绍了心理产生的生物基础和社会基础。心理是脑的功能，因而重点介绍了脑的进化过程、神经系统的结构及功能活动过程和社会因素（环境、团体及个体社会化）对个体心理发展的影响。

（二）教材知识点

心理是物质发展到一定阶段的产物，人的大脑则是生命物质发展的最高阶段。脑是心理产生的物质基础，由大量的神经元和神经胶质细胞构成。

1. 神经元和神经系统

（1）神经元：①概念：神经元即神经细胞，是神经系统结构和功能的基本单位。②结构及功能：典型的神经元由胞体和突起两部分组成，突起又分为树突和轴突。胞体的主要功能是接受、整合和传递信息；树突的主要功能是接受传入的信息；轴突的主要功能是传出信息，另外还有轴浆运输和营养功能。③分类：根据神经元的突起数目，分为假单极神经元、双极神经元和多极神经元；根据其功能和传导方向，分为感觉神经元、运动神经元和联络神经元；根据其对下一级神经元的作用，分为兴奋性神经元和抑制性神经元。根据神经元合成、分泌的化学物质的性质，分为胆碱能神经元、氨基酸能神经元、单胺能神经元和肽能神经元等。④神经纤维的分类：神经元轴突根据其离开胞体一段距离后是否获得髓鞘，分为有髓神经纤维和无髓神经纤维，神经纤维末端称为神经末梢。按神经纤维传导兴奋的方向不同，分为传入纤维和传出纤维；根据神经纤维的传导速度将哺乳动物的周围神经分为A、B、C3类；根据神经纤维的直径大小和来源又将神经纤维分为Ⅰ、Ⅱ、Ⅲ、Ⅳ4类。两种分类法并不完全一致，在实际应用时也常有重叠。⑤影响神经纤维传导速度的因素包括：通常神经纤维的直径越大，传导速度越快；有髓神经纤维的兴奋以跳跃式传导，比无髓神经纤维传导快；在一定范围内，温度升高传导速度加速。⑥神经纤维传导兴奋的特征包括：生理完整性、绝缘性、双向性、相对不疲劳性。⑦神经元间的联系方式归纳起来主要有：单线联系、辐散式联系，多见于传入通路；聚合式联系，多见于传出通路；链状联系，中间神经元多以此方式联系；环状联系，是反馈和后发放的结构基础。

（2）突触：①概念：神经元间相互接触并传递信息的部位称为突触。突触传递是神经系统中非常重要的信息交流方式。②突触的结构：突触由突触前膜、突触间隙和突触后膜3部分构成。突触前膜即突触前神经元的轴突末梢膜，突触后膜是与之相对应的突触后神经元胞体或突起膜，二者之间是突触间隙。③突触的分类：轴突 - 树突突触；轴突 - 胞体突触；轴突 - 轴突突触。根据突触前神经元对突触后神经元的影响，分为兴奋性突触和抑制性突触两类。根据突触传递媒介物的性质不同，将突触分为化学性突触和电突触。④突触传递的过程：当神经冲动沿突触前神经元轴突传到突触前膜时，突触前膜发生去极化，触发前膜中的 Ca^{2+} 通道开放，一定量的 Ca^{2+} 顺浓度差流入突触小体，促使突触小泡向前膜移靠，两膜融合、断裂，将神经递质释放到突触间隙。神经递质扩散到突触后膜，与后膜上的相应受体结合，改变后膜对 Na^+、K^+、Cl^- 的通透性，使突触后膜发生一次短暂的电位变化，此电位变化称为突触后电位。如果突触前膜释放的是兴奋性神经递质，与突触后膜上的相应受体结合后，提高了后膜对 Na^+、K^+ 等离子的通透性，其中以 Na^+ 内流为主，导致后膜发生去极化，产生兴奋性突触后电位；如果突触前膜释放的是抑制性神经递质，与突触后膜上的相应受体结合后，将提高后膜对 K^+、Cl^- 等离子的通透性，其中以 Cl^- 内流为主，导致后膜发生超极化，产生抑制性突触后电位。⑤影响突触传递的因素包括：递质释放的量、递质的再摄取与代谢、影响受体的因素等。在中枢神经系统内普遍存在突触的传递功能可发生较长进程的增强或减弱，这种现象称为突触的可塑性。突触的可塑性主要有以下几种形式：强直后增强；习惯化和敏感化；长时程增强和长时程抑制。⑥突触传递的特征：包括：单向传递；突触延搁；总和（包括时间性总和和空间性总和）；兴奋节律的改变；后发放；对内环境变化敏感和易疲劳。⑦非突触性化学传递的特点：不存在突触前膜与后膜的特化结构；不存在一对一的支配关系，即没有特定的靶点；曲张体与效应细胞间的距离不等，传递花费的时间不等。电突触传递的结构基础是缝隙连接。其特点是：快速同步；几乎不存在潜伏期；基本上无突触延搁。电突触传递发生在同类神经元之间，可能有助于不同神经元产生同步性放电。

（3）神经递质、调质与受体：①神经递质的概念：神经递质指由神经元合成的参与突触传递的化学物质。②神经递质的分类：根据其化学结构分为胆碱类递质、单胺类递质、肽类、氨基酸类、嘌呤类、气体类递质等；根据它们存在的部位不同，分为中枢神经递质和外周神经递质。在中枢神经系统内释放的递质，称为中枢神经递质。主要有胆碱类递质、单胺类递质、肽类、氨基酸类、嘌呤类、气体类递质等。由传出神经末梢释放的递质，称为外周神经递质。主要有乙酰胆碱和去甲肾上腺素。③神经调质的概念：神经元合成和释放的能调节递质作用效应的化学物质，称为神经调质。④受体的概念：存在于细胞膜或细胞内能与某些化学物质（递质、调质、激素等）发生特异性结合并引发特定生理效应的生物分子，称为受体。

能与受体结合产生相应生理效应的化学物质，称为受体激动剂；占据受体，阻断受体激动剂产生效应的化学物质，称为受体阻断剂或受体拮抗剂。受体激动剂和阻断剂统称为配体，但通常情况下主要指受体激动剂。当递质释放不足时，受体的数量和亲和力将逐渐增加，称为受体的上调；当递质释放过多时，受体的数量和亲和力将逐渐下降，称为受体的下调。根据受体结合的配体种类分为胆碱受体、肾上腺素受体、多巴胺受体等。

（4）神经系统：①概念：神经系统是由脑和脊髓及与之相连的周围神经构成的复杂的机能系统。一般分为中枢神经系统和周围神经系统两部分。②中枢神经系统：包括脑和脊髓。脊髓：脊髓由灰质和白质组成。脊髓的功能主要表现为两个方面，一是上、下行传导路径的中继站；二是反射中枢，脊髓能完成一些简单的反射。脑：脑可分为四个部分，即脑干（延髓、脑桥、中脑）、间脑、小脑和端脑。脑干的功能主要包括：传导功能；低级反射中枢；脑干网状结构有维持与改变大脑皮层的兴奋性，使机体保持觉醒状态，并有调节骨骼肌张力和内脏活动等功能；间脑：分为背侧丘脑、后丘脑、上丘脑、底丘脑和下丘脑 5 个部分，其结构和功能十分复杂，是仅次于端脑的中枢高级部位。小脑的功能：有维持身体平衡，调节肌紧张，协调随意运动等重要功能。端脑也称大脑，由左、右大脑半球构成，二者借胼胝体相连接，半球内有 3 条恒定的沟（即外侧沟、中央沟和顶枕沟），将每侧大脑半球分为 5 叶，即额、顶、枕、颞和岛叶，是高级神经中枢部位。③周围神经系统：指与脑和脊髓相连的脑神经、脊神经和内脏神经。脑神经：共 12 对，按其所含纤维的性质不同，分为 3 类：感觉性脑神经；运动性脑神经；混合性脑神经。脊神经共 31 对，包括颈神经 8 对，胸神经 12 对，腰神经 5 对，骶神经 5 对和尾神经 1 对。脊神经都是混合性神经，前根为运动性神经，后根为感觉性神经。内脏神经是指主要分布于内脏、心血管和腺体的外周神经。按纤维的性质，内脏神经可分为感觉神经和运动神经。内脏感觉神经的初级神经元位于脑神经节和脊神经节内，周围支分布于内脏、心血管等处，将其感受到的刺激传至各级中枢及大脑皮层；内脏运动神经包括交感和副交感两种神经纤维，体内多数内脏器官同时接受这两种纤维的双重支配，在双重支配的器官中，二者的作用往往是相互拮抗的。交感神经分布广泛，几乎全身所有的内脏器官都由其支配，故交感神经常以整个系统参加机体反应。在环境急剧变化时，如剧烈运动、剧痛、失血、寒冷等情况下，交感神经系统的活动明显加强，同时伴随有肾上腺髓质激素分泌增多，即交感—肾上腺髓质系统作为一个整体参加反应，这一反应称为应急反应。其生理意义在于动员机体的储备能量，适应环境的急剧变化。副交感神经分布比较局限，其活动也比较局限，在安静状态时活动较强，并常伴随有胰岛素的分泌，故称之为迷走—胰岛素系统。其生理意义在于促进消化，积蓄能量，加强排泄和生殖等。

2. **大脑皮层及其功能**　大脑皮层是脑的最重要部分，是高级神经活动的物质基础。机体各种功能活动的最高中枢在大脑皮质上具有定位关系。

（1）体表感觉区：全身体表感觉的投射区域在中央后回，亦称第一体感区；在中央前回和岛叶之间还存在着第二体感区。

（2）内脏感觉区：混杂在第一体表感觉区内，人脑的第二感觉区和运动辅助区也与内脏感觉有关，边缘系统皮层也接受内脏感觉的投射。

（3）本体感觉的投射区：主要在中央前回。

（4）视听嗅味觉投射区：初级视觉投射区位于枕叶皮层内侧面距状沟的上、下缘；初级听觉区位于人脑颞横回和颞上回；嗅觉皮层在高等动物仅存在于边缘叶前底部，通过与杏仁、海马的纤维联系可引起嗅觉记忆和情绪活动；味皮层位于中央后回底部。其中有些神经元仅对单一味觉发生反应，有些还对其他味觉或其他刺激发生反应，表现为一定程度的信息整合。

（5）大脑皮层运动区：人和灵长类动物的大脑皮层运动区包括中央前回、运动前区、运动辅助区和后顶叶皮层等区域。运动辅助区位于两半球内侧面。

（6）语言中枢：与语言相关的听、说、读、写功能的皮层中枢位于大脑侧沟附近。①语言感觉中枢（听话中枢）在颞上回后端的韦尼克区，若颞上回后部损伤导致“感觉失语症”；②语言运动中枢（说话中枢）位于中央前回底部前方的布洛卡区，布洛卡区受损引起“运动失语症”；③阅读中枢位于角回，角回受损造成“失读症”；④书写中枢（写字中枢）位于额中回后部接近中央前回的手部代表区，此区损伤导致“失写症”。

（7）大脑两半球的单侧化优势：人类的高级功能向一侧半球集中的现象，称为大脑两半球单侧化优势。对于大多数右利手的人，左侧皮层在语言活动功能上占优势，右侧半球在非语词性的认知功能上占优势，如对空间的辨认、深度知觉、触-压觉认知、图像视觉认知、音乐欣赏等。一侧优势现象仅见于人类，与遗传有一定的关系，但主要是在后天生活实践中逐步形成的。语言优势是相对的，左侧半球也有一定的非语词性认知功能，右侧半球也有一定的语词活动功能。

3. **脑功能学说** 心理是脑的功能，自上个世纪以来，形成了几个重要的学说：

（1）定位说：脑功能的定位说开始于神经解剖学家 F. J. 加尔和他的学生 J. G. 斯柏兹姆于 19 世纪初提出的“颅相说”。颅相说是不科学的。真正的定位说开始于对失语症病人的临床研究。现在科学家们肯定中央前回、中央后回、颞横回、枕极和内侧的矩状裂周围的皮层及占皮层最大部分的联合区和边缘系统等是它们所控制的相应活动的神经中枢，即它们接受多种渠道传入的信息，经过综合分析、整合后，控制和调整不同的心理过程和心理状态，这些心理过程是相互联系，共同发挥作用的。

（2）整体说：19 世纪中叶，弗洛伦斯用鸡和鸽子等动物采用局部毁损法进行了一系列实验，他认为，皮层功能的丧失与皮层切除的大小有关，而与特定的部位无关；如果所有的皮层都被切除，则各种智力功能都会丧失；如果有足够的组织保留下来，所有的功能都可以康复。20 世纪初，拉什利用白鼠采取脑损毁技术进行了一系列走迷宫的实验，发现在大脑损伤后，动物的习惯形成出现了很大障碍，这种障碍与脑损伤的部位无关，而与损伤面积的大小有密切关系。由此，拉什利引申出了“均势原理”和“总体作用原理”。

（3）机能系统说：鲁利亚认为，脑是一个动态的结构，是一个复杂的动态机能系统。鲁利亚把脑分为 3 个相互联系的机能系统，即第一机能系统也称动力系统，由脑干网状结构和边缘系统等组成；第二机能系统包括皮层的枕叶、颞叶和顶叶以及相应的皮层下组织；第三机能系统也称行为调节系统，包括额叶的广大脑区。人的各种行为的心理活动是 3 个机能系统相互作用、协同活动的结果，其中每个机能系统又各自起不同的作用。

（4）模块说：模块说认为，人脑在结构和功能上是由高度专门化并相对独立的模块组成的，这些模块复杂而巧妙的结合，是实现复杂而精细的认知功能的基础。

4. **心理的社会基础**

（1）环境因素：心理是对客观现实的主观的、能动的反映。个体心理的形成及发展与其所生存的自然环境和社会环境有着极其密切的关系，特别是社会环境是决定人类的心理与行为的重要因素之一。其中文化环境、家庭环境、学校环境、同辈群体、大众传播媒介在孩子的心理发展和成长过程中的起着重要作用。

（2）团体中的人际关系：在不同的社会团体中，人际关系亦不同。正式团体的成员之间有明确的权利和义务规范，并扮演着安排好了的角色行动。非正式团体成员常常是以共同的利益、爱好和观点为基础，带有明显的感情色彩，有较强的内聚力和对成员的吸引力。一般来说，团体中的人数越多，成员间平均参与团体活动的机会越少，成员间的彼此差异越大，人际关系越难以协调，团体的效能越难以发挥。小型团体成员间的关系比较紧密，交往比较频繁，心理感受也比较明显。实际团体，又称现实团体，是指在一定时期内实际存在的、成员间有直接或间接实际关系的、有目的、有任务的联合体；虚拟团体的成员，可以不分年龄、性别，只要兴趣、爱好相似，语言相投即可形成团体。团体成员间在交流过程中表现出来的相互信任的态度，是该团体能否长期存在的基础。

（3）团体中的心理效应：概括起来主要有：满足心理需要；产生团体认同感；社会助长与社会惰化作用；去个性化；从众等。

（4）团体中的领导功能：主要包括激励功能；组织功能；创新功能；沟通协调功能等。我国的社会心理学界和管理学界一致认为领导应具有以下五项功能：①制订目标计划；②选人用人；③监督和控制；④激励作用；⑤善于创设有利于提高行为效率的心理气氛和群体环境，促使成员为实现组织目标做出最大的努力。

（5）个体社会化的基本途径：包括社会教化和个体内化两条途径。

（6）社会化的内容：包括道德社会化、政治社会化、法律社会化、性别角色社会化。

（7）社会化的结果：包括促进个体人格的形成和发展；掌握生活技能，完善社会角色；内化价值观念，传承和发展社会文化等方面。

（三）本章小结

心理是脑的功能，又是对客观现实的主观的、能动的反映，生物和社会因素是心理形成的重要基础。本章重点介绍了神经系统的结构、功能、信息传递的方式及过程、神经递质和受体；大脑皮层的功能；环境对人心理的影响；团体中的心理效应；个体社会化的基本途径、内容和结果；并对脑的进化过程、团体中的人际关系、脑功能的各种学说及文化对人类心理的影响进行了阐述。脑是人体功能活动的最高级中枢，由大量的神经元和神经胶质细胞构成，神经递质、受体及其作用的机制以及心理社会因素对其作用的影响是目前研究的热点。随着研究的深入，人们正试图逐渐揭开脑功能的秘密。

（杨世昌　王　赟）

三、习题及参考答案

一、单项选择题

1. 动物进化到（　　）开始有了由大脑、间脑、中脑、延脑和小脑等多部分组成的功能完善的脑结构

A. 无脊椎动物　　B. 低等脊椎动物

C. 啮齿类动物　　D. 哺乳动物

2. 神经系统最小的单位是（　　）

A. 突触　　B. 轴突

C. 神经元　　D. 胞体

3. 体表感觉区主要位于（　　）

A. 中央后回　　B. 中央前回

C. 皮质枕叶　　D. 皮质颞叶

4. 机体处于应急状态时，被发动的是（　　）

A. 交感神经系统和副交感神经系统　　B. 脑干网状结构上行激动系统

C. 交感 - 肾上腺髓质系统　　D. 迷走 - 胰岛系统

5. 接受外部信息并进行整合的神经元部位是（　　）

A. 树突 B. 轴突
C. 细胞体 D. 髓鞘

6. 知觉物体的空间关系、图像视觉认知、音乐欣赏等定位于( )
A. 左半球 B. 右半球
C. 网状结构 D. 边缘系统

7. 大脑两半球之间传递信息的神经结构是( )
A. 杏仁核 B. 内囊
C. 边缘系统 D. 胼胝体

8. 位于大脑皮层枕叶的中枢是( )
A. 初级听觉中枢 B. 初级视觉中枢
C. 躯体运动中枢 D. 言语运动中枢

9. 大脑皮层躯体运动区位于( )
A. 中央前回 B. 中央后回
C. 扣带回 D. 颞横回

10. 调节心血管活动和呼吸运动的“生命中枢”位于( )
A. 小脑 B. 大脑
C. 间脑 D. 延髓

11. 阿托品在临床上常用作解痉药物，是由于它是下列( )受体的受体阻断剂
A. M、N B. α
C. β D. M

12. 肾上腺素引起心肌兴奋所结合的受体是( )
A. α B. β_1
C. β_2 D. M

二、多项选择题

1. 自20世纪以来，形成了( )重要的脑功能学说
A. 定位说 B. 模块说
C. 整体说 D. 机能系统说

2. 环境对人的心理的影响因素包括( )
A. 文化因素 B. 家庭环境
C. 学校环境 D. 同辈群体

3. 团体中的心理效应包括( )
A. 满足心理需要 B. 产生团体认同感
C. 从众 D. 去个性化

三、名词解释

1. 神经元
2. 突触
3. 神经递质
4. 受体
5. 团体
6. 社会化

四、简答题

1. 神经系统又可分为哪两大系统?
2. 神经纤维传导兴奋的特征有哪些?
3. 神经元间有哪些联系方式?
4. 小脑有哪些主要功能?
5. 社会化的内容包括哪些方面?

参考答案

一、单项选择题

1. B　2. C　3. A　4. C　5. C.　6. B　7. D　8. B　9. A　10. D　11. D　12. B

二、多项选择题

1. ABCD　2. ABCD　3. ABCD

三、名词解释

1. 神经元:即神经细胞,是神经系统结构和功能的基本单位。

2. 突触:是神经元间相互接触并传递信息的部位。

3. 神经递质:指由神经元合成的参与突触传递的化学物质。

4. 受体:指存在于细胞膜或细胞内能与某些化学物质(递质、调质、激素等)发生特异性结合并引发特定生理效应的生物分子。

5. 团体:又叫社会群体,是由两个或两个以上的相互交往的人在共同目标指引和共同规范的约束下,彼此影响,相互作用,共同活动的集合体。

6. 社会化:是指个体通过有意(受教育)、无意(潜移默化)的社会学习,了解角色行为的社会期待和行为规范,并"内化"为自身行为的过程。

四、简答题

1. 神经系统又可分为哪两大系统?

答案要点:神经系统又可分为中枢神经系统和周围神经系统。

2. 神经纤维传导兴奋的特征有哪些?

答案要点:神经纤维传导兴奋的特征包括:①生理完整性;②绝缘性;③双向性;④相对不疲劳性。

3. 神经元间有哪些联系方式?

答案要点:神经元间的联系方式归纳起来主要有:单线联系、辐散式联系、聚合式联系、链状联系、环状联系等。

4. 小脑有哪些主要功能?

答案要点:小脑有维持身体平衡,调节肌紧张,协调随意运动等重要功能。

5. 社会化的内容包括哪些方面?

答案要点:社会化的过程贯穿人的意识,包括社会生活所必需的基本知识、生活习惯、行为方式和思想观念等,其中主要包括道德社会化、政治社会化、法律社会化、性别角色社会化等内容。

(王　赟)

第三章　意　识

一、学习要求

掌握内容：意识的定义、内容和种类；无意识现象的内容；睡眠的特征、阶段以及快速眼动阶段。

熟悉内容：意识的种类与功能；生物节律的周期性与意识状态的关系；梦的含义及分析理论；催眠的定义、心理特征。

了解内容：睡眠障碍的种类；催眠感受性及过程。

二、教材精要

(一)内容简介

本章首先介绍了意识的定义、内容、种类和功能以及无意识现象的内容，重点阐述睡眠的四个阶段及快速眼动阶段，理解意识和无意识的关系，并介绍梦的含义及相关理论。

(二)教材知识点

1. 意识的概述

(1)意识的概念

1)意识的定义：意识是人特有的心理反映形式，是指人以感觉、知觉、记忆、思维等心理活动过程为基础，对自己身心状态与外界环境变化的觉知和认识。

2)意识的层次

表层的意识(consciousness)，指同外界接触所能直接觉察到的心理的表面部分。

中层的前意识(preconsciousness)，是调节意识和无意识的中介机制。

深层的无意识(unconsciousness)，亦称潜意识，是相对意识而言的，指被压抑的、无从知觉的本能和欲望。

3)意识的功能

觉知功能：意识的觉知功能是指人对周围环境刺激信息和自身内部心理状态的了解。

计划功能：意识的计划功能表明，人的心理与行为是有目的性和计划性的。

选择与监控功能：意识具有选择与监控的功能。意识的选择功能使人能够在环境中接受最适宜和最有效的刺激信息，限制并过滤与目标和目的无关的信息，能够有选择地存储与自己需要相关的信息。

2. 无意识

(1)无意识的概念：无意识(unconsciousness)又称潜意识，是相对于意识而言的，是个体不曾觉察到的心理活动和过程。

（2）常见的无意识现象有以下几种：

1）无意识行为。人的行为，特别是已经自动化了的行为，不受意识的控制。

2）对刺激的无意识。人在活动时，可能会没有觉察到对他们的行为产生了影响的事件，而这些事件对他们的行为产生了或大或小的影响。

3）盲视（blindsight）。盲视是指某些人对视野中的某一块区域视而不见的情况。

3. 生物节律的周期性与意识状态 人体的生物节律就是人体的基本生理活动、过程和心理状态的周期性变化。这种周期性变化会对我们的生活产生重要影响。视交叉上核（suprachiasmatic nucleus，SCN）位于下丘脑，是影响睡眠-觉醒周期至关重要的中枢结构。它像一个"超生物钟"，令其他的内部"生物钟"互相保持同步。

2017年诺贝尔生理学或医学奖授予杰弗里·霍尔（Jeffrey C. Hall）、迈克尔·罗斯巴什（Michael Rosbash）和迈克尔·杨（Michael W. Young），以表彰他们发现了生物体昼夜节律的分子机制，解释了生命包括人类的内部"生物钟"究竟如何工作，以预测和适应正常的生物节奏，使之与地球律动（每24小时一个周期的昼夜节律）保持同步。

4. 睡眠与梦 睡眠是与觉醒相对的意识状态，是人所具有的一种半意识状态。

（1）睡眠的基本特征

1）普遍性：睡眠是一种普遍的生理现象。

2）必要性：睡眠是生物机体的生物节律，是人维持正常机能的自律抑制状态。

（2）睡眠的阶段：根据脑电图和其他指标，可将人的睡眠分为五个阶段：睡眠的第一个阶段是轻度睡眠，主要是α波。睡眠第二个阶段，偶尔出现睡眠纺锤波。睡眠的第三个阶段会出现δ波，它标志着个体进一步失去意识，开始进入深度睡眠状态。睡眠的第四个阶段是深度睡眠，处于沉睡状态，此时脑电波几乎完全呈δ波，睡眠的第五个阶段是REM睡眠，也称快速眼球运动（rapid eyes movement）亦称异相睡眠（para-sleep）或者也叫快相睡眠，异相睡眠或快波睡眠。

（3）睡眠障碍

1）失眠是最常见的睡眠障碍，是指个体报告其睡眠少于自己所希望的种种困难。

2）发作性睡眠病是一种罕见的睡眠障碍，在普通人群中的发病率不到0.5%，但其影响十分严重。

3）睡眠呼吸暂停综合征是指在睡眠时突然、暂时的呼吸中断。

睡眠障碍的其他形式包括梦魇（nightmares）、梦游（sleepwalking）、梦呓（sleeptalking）、梦惊（night terrors）、遗尿（enuresis）。

（4）梦：梦（dream）是睡眠过程中已有表象以某种不同寻常的方式组合并再现出来的无意想象活动。

1）特征：梦具有离奇性和逼真性两个主要特征。

2）梦的机理：①精神分析的观点：精神分析学家弗洛伊德认为，梦是潜意识过程的显现，是通向潜意识的最可靠的途径。或者说，梦是被压抑的潜意识冲动或愿望以另一种形式出现在意识中，这些冲动和愿望主要是人的性本能和攻击本能的反映。②生理学的观点：霍布森（Hobson，1988）认为，梦的本质是我们对脑的随机神经活动的主观体验。一定数量的刺激对维持脑与神经系统的正常功能是必要的。③认知的观点：该方面的观点认为，梦担负着一定的认知功能。在睡眠中，认知系统依然对储存的知识进行检索、排序、整合、巩固等，这些活动的一部分会进入意识，成为梦境。

3）梦与创造：做梦是脑的正常功能的表现，对于维持脑的正常活动是必要的。对于梦的功能有不同的说法。一般认为，梦有预测身体健康、未来即将发生的事情等功能，但较多的事实也证明，梦具有创造的功能。

5. 催眠

（1）催眠的定义：催眠是指在人为诱导下引起的意识改变状态。

（2）催眠状态下的心理特征：美国心理学家希尔加德（Hilgard，1965）提出人在催眠状态下会出现五种心理状态：①主动性减低；②注意狭窄化；③旧的记忆还原；④出现错觉和幻觉；⑤暗示接受性增高。

（3）催眠感受性：人们在催眠的受暗示性方面存在非常大的个体差异，这些差异可通过斯坦福催眠易感性量表（Stanford Hypnotic Susceptibility Scale，SHSS）和催眠易感性哈佛分量表（Harvard Group Scale of Hypnotic Susceptibility，HGSHS）进行评定。

（4）催眠的过程：催眠一般是通过基于睡眠和放松的诱导程序形成的，可大致分为五个阶段：询问解疑阶段，区分是不是属于禁忌证；诱导阶段，催眠师运用言语引导让对方进入催眠状态；深化阶段，引导被催眠者从轻度催眠状态进入更深沉的催眠状态；治疗阶段，根据被催眠者的需求和实际情况来治疗；解除催眠阶段，让被催眠者从催眠状态回到日常的意识状态，帮助他在结束催眠后，感觉良好，强化疗效。

（三）本章小结

意识是一个复杂的概念。引导学生对意识与无意识状态有整体了解。掌握意识和无意识现象的概念、种类和功能，理解生物节律的周期性与意识状态的关系。掌握睡眠的四个阶段及快速眼动阶段。了解睡眠障碍的有关内容。理解睡眠的功能及对人类的重要性。理解对梦解释的理论。理解催眠的意识状态、心理特征和催眠的感受性，了解催眠的理论解释。

（何志芳）

三、习题及参考答案

一、单项选择题

1. **不属于**无意识现象的是（　　）

A. 无意识行为　　B. 盲视

C. 白日梦　　D. 对刺激的无意识

2. 梦多发生在（　　）

A. 过渡期　　B. 轻睡期

C. 沉睡期　　D. 快速眼动睡眠期

3. 人们每天晚上大约经历（　　）次快波睡眠阶段，且每次快波睡眠时间逐渐（　　）

A. 7~9 次，增加　　B. 7~9 次，减少

C. 4~6 次，增加　　D. 4~6 次，减少

4. 美国心理学家希尔加德（Hilgard，1965）提出人在催眠状态下会出现五种心理状态，以下（　　）**不属**催眠状态下的心理状态

A. 主动性增强　　B. 注意狭窄化

C. 旧的记忆还原　　D. 出现错觉和幻觉

5. 下面哪种特征是梦境**不具备**的（　　）

A. 潜意识　　　　　　　　　　　　B. 生动性
C. 容易回忆　　　　　　　　　　　D. 逼真性

6. 以下流派中没有涉及对梦进行解释的是( )

A. 精神分析　　　　　　　　　　　B. 生理学
C. 认知学派　　　　　　　　　　　D. 人本主义

二、名词解释

1. 意识
2. 无意识
3. 催眠
4. 梦
5. 生物节律的周期性

三、简答题

1. 结合当代心理学的最新研究成果,说说意识和无意识的关系。
2. 睡眠的各个阶段及脑电波特征。
3. 如何解释催眠现象?

参考答案

一、单项选择题

1. C　2. D　3. C　4. A　5. C　6. D

二、名词解释

1. 意识:意识是人特有的心理反映形式,是指人以感觉、知觉、记忆、思维等心理活动过程为基础,对自己身心状态与外界环境变化的觉知和认识。

2. 无意识:无意识又称潜意识,是相对于意识而言的,是个体不曾觉察到的心理活动和过程。

3. 催眠:催眠是指在人为诱导下引起的意识改变状态。催眠是一种类似睡眠又实非睡眠的精神状态,表现为注意范围的缩小和对暗示接受程度的提高,是在特殊情境下由催眠师诱导形成。

4. 梦:梦是睡眠过程中已有表象以某种不同寻常的方式组合并再现出来的无意想象活动。梦是某一阶段的意识状态下所产生的一种自发性的心像活动,是在睡眠中产生的自觉体验,具有视觉、听觉、运动觉等感觉性想象。

5. 生物节律的周期性:人体的生物节律就是人体的基本生理活动、过程和心理状态的周期性变化。这种周期性变化会对我们的生活产生重要影响。一般生物节律以一天为一个周期。

三、简答题

1. 结合当代心理学的最新研究成果,说说意识和无意识的关系。

答案要点:(1)人的意识(consciousness)是由人的认知、情绪、情感、欲望等构成的一种丰富而稳定的内在世界,是人们能动地认识世界和改造世界的内部资源,这是人的意识的第一个特点。由于人有意识,因而人类就和单纯适应自然界的动物有了本质的区别。人们凭借对事物的本质和规律的认识,不仅能够了解客观事物的现状,而且能够通晓过去和预见未来,这是任何动物的心理所不能及的。人的活动具有明确的目的,能够预先计划达到目的的方法和手段，这是人类意识的另一特点。换句话说，人的意识表现为人能够计划自己的行动，在实现目的的过程中，能坚持预定的方向，分析出现的新情况、新问题，将行为的结果与目的进行对照，克服遇到的各种困难和障碍。

（2）人的心理除意识外，还有无意识（unconsciousness）现象。这是人们在正常情况下觉察不到，也不能自觉调节和控制的心理现象。人在梦境中产生的心理现象，多数是在无意识的情况下出现的。人们一般不能预先计划梦境的内容，也无法支配梦境的进程。在多数情况下，人们也难以回忆梦境的内容，对梦进行正确的报告。人在清醒的时候，有些心理现象也是无意识的。某些动作方式起初可能受到意识的调节，但在多次反复后，便可能转化为自动化的无意识现象。在人们的相互交往中某种意识不到的、潜移默化的影响也是存在的。

（3）当代现代认知心理学发现了对应意识机能的外显过程和对应无意识机能的内隐过程，两者相对独立又共生共存。任何认知过程都是意识和无意识共同作用的产物。两者之间存在复杂的相互作用，并表现出权衡的特点。神经生理学的研究揭示了意识和无意识在发生学意义上可能的先后关系。无意识在心理过程中起的作用是普遍的、抽象的、抗干扰的，而意识则建筑在无意识的基础之上，有着更大的变异性。

总之，意识是人的精神生活的重要特征。人的日常生活、学习和工作，是在意识的支配下进行的。只有精神错乱、大脑损伤的病人他们的行为才失去意识的控制，而完全为无意识的欲望所支配。但是，在人的正常生活中，也存在着无意识现象。它为人的行为有重要的作用。因此，无意识现象也应该成为心理学的重要研究对象。

2. 睡眠的各个阶段及脑电波特征。

答案要点：人的睡眠中有 5 个睡眠周期反复交替。根据脑电图及其他身体的变化判断，正常人入睡先进入非快速眼动睡眠（NREMS），可分四个阶段，刚入睡时，朦朦胧胧，很容易被惊醒，并能听到周围发生的事情，这是睡眠开始的第 1 阶段（几分钟），又称朦胧期或瞌睡期；接着进入第 2 阶段，属于浅睡期（30~40 分钟），2 期睡眠是睡眠时间中最长的一个阶段，若以整夜计算，该期睡眠占总睡眠时间的 50%；随即第 3、第 4 阶段的深度睡眠出现，脑电图的波形变为高而宽的 δ 波，又称 δ 睡眠，睡得很沉，意识消失，10 岁以前的儿童深度睡眠比成年人多，而且更深，当他们处在深度睡眠阶段，几乎不可能将他们唤醒。60 岁以后深度睡眠明显减少，甚至完全消失。NREMS 经过 70~90 分钟，进入另一期性质不同的睡眠，此时，眼球作间断性快速地来回运动，叫快速眼动睡眠（REMS），从入睡到 REMS 为一个周期，然后再从浅睡进入深睡眠到 NREMS 结束为第二个睡眠周期，如此，一夜睡眠经历 4~5 个睡眠周期的交替。大部分深度睡眠出现在前面 2~3 个周期，即入睡后 3~4 小时深度睡眠已经完成，这是恢复机体最有效的睡眠时间。REMS 越到后面的周期持续时间越长，第一个周期的 REMS 持续时间只有 5~10 分钟，醒前最后一个周期的 REMS 可长达 30~40 分钟。

3. 如何解释催眠现象？

答案要点：对催眠存在不同的解释。社会认知观点认为，催眠的作用反映了催眠师和被催眠者之间的一种特殊关系。在催眠中，被催眠的人只是扮演了一个特殊的社会角色——被催眠的人。这个角色意味着将无条件地接受催眠师的指挥。意识功能分离的观点认为，人的意识有两种基本的功能：执行功能和监督功能。催眠可以使两种功能之间的联系断开，使其执行功能正常，并接受催眠师的指令，而监督功能不起作用。

（何志芳　王　赟）

第四章　注　意

一、学习要求

掌握内容：注意的概念、功能和分类，包括无意注意、有意注意和有意后注意；以及选择性注意、集中性注意和分配性注意的概念及影响因素。注意的品质包括注意的稳定、注意的广度、注意的分配和注意的转移相关内容。

熟悉内容：注意的生理机制和外部表现。

了解内容：注意的理论包括选择性注意的理论和分配性注意的理论。

二、教材精要

（一）内容简介

本章首先介绍了注意的概念、意义和功能，重点阐述注意的种类及注意的特征与培养，理解注意的有关理论，并介绍无意注意与有意注意发生和维持的条件以及两种注意的相互关系。

（二）教材知识点

1. 注意的概述

（1）注意的概念

1）注意的定义：注意是人的心理活动对一定事物的指向和集中。这里的一定事物是注意的对象。注意的对象既可以是外部事物，也可以是内部事物。

2）注意的基本特征

指向性：是指人把一定事物作为心理活动的对象而离开其他事物的特征。人的注意是有选择的，不能同时指向所有的事物，只能对一部分事物进行反映。两耳分听实验就很好地证明了注意的指向性特征。

集中性：是指人的心理活动深入于注意对象的程度的特征。

注意集中性的特征是注意中心的事物被清晰地、准确地反映出来，而其他事物反映得比较模糊。由于集中性的存在，则有“视而不见，听而不闻”之说。

指向性与集中性的关系：注意的指向和集中是统一注意状态的两个方面，是密切联系不可分割的统一体。指向是指心理活动的对象和范围，集中性则说明心理活动对一定事物反映的清晰、完善和深刻程度。指向性是集中性的前提，集中性是指向性的具体体现和发展。

3）注意与心理过程的关系：注意不是一个独立的心理过程；注意是心理过程的开端，并伴随心理过程始终。人的个性倾向性决定注意的方向和内容，而个体经常表现出来的个性状态也表现了他的个性特征。

（2）注意的外部表现：①感官的朝向活动；无关动作的停止；血液循环和呼吸的变化；②注意的内部状态与外部表现的关系；③有时，注意的内部状态与外部表现是一致的，有时二者是不一致的。在教学中，教师要注意把握这种现状，更好地管理学生。

（3）注意的功能

1）选择功能：人总是根据自己的需要，把有意义的内容作为注意的对象，这是知觉的选择性。注意的这种功能可以使心理活动有一定的方向。

2）保持功能：这种功能可以使心理活动稳定地集中在注意对象上，保证活动的顺利完成。

3）调节监督功能：这种功能可以保证心理或行为准确无误，并可以对进行中的活动调节、监督。

（4）注意的种类：根据注意时有无预定目的和是否需要意志努力，可把注意分为无意注意、有意注意和有意后注意三种类型。根据注意的功能，可以把注意分为选择性注意、集中性注意和分配性注意。

1）无意注意：无意注意是指实现没有预定目的，也不需要意志努力的注意。其优点是不消耗精力，缺点是不稳定。

2）有意注意：有意注意是指有预定目的，需要一定意志努力的注意。

3）有意后注意：有意后注意是指事前有预定目的，但又不需要意志努力的注意。它是注意的一种特殊形式，一方面类似有意注意，是有目的、主动积极的注意；另一方面又类似无意注意，不需要意志努力，是轻松的，符合人的兴趣的注意。

4）无意注意和有意注意的关系：无意注意是注意的初级形式，是有机体的一种探究反射；有意注意是注意的高级形式，是人类特有的注意。无意注意和有意注意在一定条件下可以相互转化和代替。注意的相互转化是保证人们顺利完成学习任务和从事一切创造性活动的必要条件。

（5）注意的生理机制：注意作为一种心理现象，有着特定的生理机制。其中，神经系统的一些特定结构和功能与注意现象密切相关。

1）定向反射与注意的指向性：注意就其发生的方式来说是有机体的一种定向反射。每当新异刺激出现时，人便产生一种相应的运动，将感受器朝向新异刺激的方向，以便更好地感知刺激。

2）优势兴奋中心与注意的集中性：生理学研究发现，大脑中经常有一个占优势的兴奋中心，这个兴奋中心在自身活动的同时，还会对周围其他区域产生负诱导，使它们处于不同程度的抑制状态。

3）网状结构与觉醒状态：注意必须在机体觉醒状态下才能进行，而中脑网状结构的激活作用对保持有机体的觉醒状态是必不可少的。

4）边缘系统与"注意神经元"：边缘系统是由边缘叶、附近皮层和有关的皮层下组织构成的一个统一的功能系统。它既是调节皮层紧张性的结构，又是对新旧刺激物进行选择的重要结构。

5）额叶与注意的调节：大脑皮层的额叶在调节有意注意上有着重要作用。

2. 注意的品质

(1)注意的广度

1)定义:注意的广度是指在同一时间内,意识能清楚地把握对象的数量。

2)影响注意的广度的因素:①知觉对象的特点:注意的对象越集中,越有规律,注意的范围越大;②知觉者的活动任务:任务难度越大,注意广度越小;③知觉者的知识经验:注意广度与个人的知识经验有关,熟悉的事物,注意的广度大,否则,注意的广度就小。

(2)注意的稳定性

1)定义:是指注意保持在某种事物或活动上的时间。

2)影响注意的稳定性的因素:①注意对象的特点:注意对象内容丰富又不过于复杂,或具有运动变化的特点,注意易于稳定。②主体的状态:生理方面,身体健康程度、神经活动类型及生理成熟都影响注意的稳定性;心理方面,主体的兴趣、认识程度、思维状态等也影响注意的稳定性。③干扰的作用:机体在内外部干扰下,离开当前的活动而指向无关的事物,我们称之为注意的分散。教学中要制止注意的分散。

(3)注意的分配

1)定义:是指在同一时间内,把注意指向两种或两种以上的对象或活动上的特征。

2)影响注意的分配因素:①活动的熟练程度:在同时进行的几项活动中,必须有一种或几种识熟练的、自动化的,注意分配才有可能;②活动之间的联系:同时进行的几项活动间建立了联系或固定的反应系统,就比较容易进行注意分配。

(4)注意的转移

1)定义:根据任务的要求主动地把注意从一个对象转移到另一个对象上去的特征。

2)影响注意的转移的因素:①原来注意的紧张度:原来注意的紧张度越大,注意转移就越困难,越缓慢,否则,注意转移就容易;②新注意对象的特点:新注意对象或活动与符合引起注意的条件,特别是符合人的需要和兴趣,注意的转移就越容易;③人的神经类型和习惯。

3. 注意的理论

(1)过滤器理论:布鲁德本特(Broadbent, 1958)最先提出注意的过滤器理论。该理论的基本假设是,信息加工受通道容量的限制。来自外界输入的信息是大量的,这些感觉信息将通过大量的平行的感觉通道进行加工。但是人神经系统在加工信息的容量方面是有限度的,不可能对所有的感觉刺激进行加工。当信息通过各种感觉通道进入神经系统时,要先经过一个过滤机制。只有部分信息可以通过这个机制,接受进一步加工;而其他信息被阻断在他的外面,而完全丧失。它以"全或无"的方式进行工作。一个通道通过信息同时就关闭其他通道。当环境需要的时候,过滤器又转换到另一个通道,使有关信息通过;同时阻断其他通道,不让信息通过。因此该理论也称为单通道理论。

(2)衰减理论:特瑞斯曼(Treisman, 1964)的衰减理论认为,有机体总的加工能力是有限的,在信息加工系统中存在着某种过滤器。但是,她认为过滤器不是按"全或无"原则工作的而是按衰减的方式工作的;并认为许多通道都能对信息作不同程度的加工。

(3)注意的完全加工理论:该理论认为,对信息的选择是发生在模式识别之后。

(4)注意的资料限制和资源限制理论。

(三)本章小结

通过教学使学生掌握注意的概念、意义和功能,掌握注意的种类及注意的特征与培养,理解注意的有关理论，理解无意注意与有意注意发生和维持的条件以及两种注意的相互关系，能很好运用注意的规律，把所学理论运用于实践中。

（李 秀）

三、习题及参考答案

一、单项选择题

1. 注意的两个基本特点是（ ）

A. 指向性与选择性　　B. 指向性与集中性

C. 紧张性与集中性　　D. 紧张性与选择性

2. 事先没有目的、也不需要意志努力的注意是一种（ ）

A. 无意注意　　B. 有意前注意

C. 有意后注意　　D. 有意注意

3. 夜晚的霓虹灯广告主要在于吸引人们的（ ）

A. 有意前注意　　B. 无意注意

C. 有意后注意　　D. 有意注意

4. 只有人类才具有的更积极主动的注意形式是（ ）

A. 无意注意　　B. 有意注意

C. 有意后注意　　D. 有意前注意

5. 突然的敲门声，打断人的思路，属于（ ）的干扰。

A. 无意注意　　B. 注意的动摇

C. 有意后注意　　D. 有意注意

6. 注意的初级生理机制是（ ）

A. 大脑皮层功能　　B. 特异通路

C. 朝向反射　　D. 边缘系统

7. 一般在百米竞赛的预备信号之后，仅相隔 2~3 秒就发出起跑信号，是为避免运动员成绩受（ ）的影响。

A. 注意的分散　　B. 注意的动摇

C. 注意的转移　　D. 注意的分配

8. 人在某一瞬间，将心理活动选择了某些对象而忽略了另一些对象，这一特点指的是注意的（ ）

A. 指向性　　B. 集中性

C. 目的性　　D. 能动性

9. “一手画方，一手画圆，始不能成”，这说明了（ ）

A. 人的能力是有限的　　B. 注意分配的规律

C. 人不能同时干两件事情　　D. 动机定律

10. 注意的广度是指（ ）

A. 同一时间意识能清楚把握的对象的数量

B. 意识能长时间地保持在所选择的对象上

C. 任务要求时意识由一个对象转到另一个对象

D. 同一时间内把意识指向不同的对象

11. 人们常用“一目十行”来形容一个人的阅读速度。从心理学上看，“一目十行”指的是(　　)

A. 记忆敏捷　　B. 注意稳定性
C. 注意分配能力　　D. 注意范围

12. 在听故事的同时能进行加法运算，这是注意的(　　)

A. 广度(范围)　　B. 分配
C. 分散　　D. 转移

13. 根据新的任务，主动地将注意的中心从一个对象转移到另一个对象上去，这是注意的(　　)

A. 稳定性　　B. 分散
C. 分配　　D. 转移

14. 注意的转移是指(　　)

A. 注意的对象由一个事物转到另一个事物
B. 意识能长时间地保持在所选择的对象上
C. 任务要求时意识由一个对象转到另一个对象
D. 同一时间内把意识指向不同的对象

15. 注意的转移与人的神经活动的(　　)特性有关

A. 强度　　B. 兴奋性
C. 灵活性　　D. 平衡性

16. 由多依奇(Deutsch)提出，认为早期的信息加工是没有选择性的，信息都可得到识别，信息是否被注意，是根据信息的重要性做出反应选择的注意选择理论是(　　)

A. 过滤器理论　　B. 衰减理论
C. 后期选择理论　　D. 多阶段选择理论

17. 可以很好地解释人们同时可以做好几件事情的注意理论是(　　)

A. 衰减理论　　B. 多阶段选择理论
C. 认知资源理论　　D. 双加工理论

18. 注意的衰减理论是由谁提出的(　　)

A. 布罗德班特　　B. 特瑞斯曼
C. 诺尔曼　　D. 约翰斯顿

19. (　　)能够很好地解释在某些情况下人为什么对一些刺激“视而不见，充耳不闻”现象

A. 过滤器理论　　B. 衰减理论
C. 认知资源理论　　D. 多阶段选择理论

20. 人们对自己的名字之类的刺激比较敏感，激活阈限低，容易激活。这种现象可用(　　)解释

A. 过滤器理论　　B. 后期选择理论
C. 衰减理论　　D. 认知理论

二、多选题

1. 以下反映注意分配的是(　　)

A. 边听讲边做笔记　　B. 吃完饭看书

C. 自言自语　　D. 自拉自唱

2. 注意的功能包括(　　)

A. 选择　　B. 维持

C. 调节　　D. 监控

3. 以注意是一个容量有限的通道作为理论假设的注意理论有(　　)

A. 过滤器理论　　B. 衰减理论

C. 后期选择理论　　D. 认知资源理论

4. 注意和意识具有以下的关系(　　)

A. 注意是一种心理活动，而意识是一种心理内容和体验

B. 与意识相比，注意不容易控制

C. 当处于注意状态下，意识内容相对比较清晰

D. 注意中也包含无意识过程

5. 下列属于注意的选择性理论模型的是(　　)

A. 过滤器理论模型　　B. 衰减理论模型

C. 反应选择理论模型　　D. 多阶段选择理论模型

6. 可以引起随意注意的原因有(　　)

A. 对过去经验的依从性　　B. 对活动组织的依从性

C. 对兴趣的依从性　　D. 对任务的依从性

三、名词解释

1. 注意
2. 多阶段选择理论模型
3. 无意注意
4. 有意注意
5. 有意后注意
6. 注意的稳定
7. 注意的广度
8. 注意的分配
9. 注意的转移
10. 注意的起伏

四、辨析题

1. 意识与注意的区别与联系。
2. 比较过滤器理论模型和衰减理论模型相同点和不同点。

五、简答题

1. 根据注意时有无预定目的和是否需要意志努力，可把注意分为几类？
2. 引起无意注意的原因有哪些？
3. 简述注意的资源分配理论模型。

参考答案

一、单项选择题

1. B　2. A　3. B　4. C　5. A　6. C　7. B　8. A　9. B　10. D

11. D 12. B 13. D 14. C 15. C. 16. C 17. D 18. B 19. A 20. C

二、多项选择题

1. AD 2. ABCD 3. ABC 4. ACD 5. ABCD 6. ABCD

三、名词解释

1. 注意：是心理活动或意识对一定对象的指向与集中。注意具有指向性和集中性的特点。

2. 多阶段选择理论模型：约翰斯顿与汉斯等（Johnstone&Heinz）提出，认为选择在信息加工的不同阶段都有可能发生，在选择之前的加工阶段越多，所需的认知加工资源就越多，且选择发生的阶段依赖于当前任务的需要。

3. 无意注意：是一种事先没有预定目的、也不需要付出意志努力的注意。

4. 有意注意：是指事先有预定目的、必要时还需付出一定意志努力的注意。

5. 有意后注意：是指事前有预定目的，但又不需要意志努力的注意。

6. 注意的稳定：是指对同一对象或同一活动注意所能持续的时间，是注意的时间特征。

7. 注意的广度：也叫注意的范围，是指注意主体在同一时间里能够清晰地把握对象的数量。

8. 注意的分配：是指在同一时间内把注意指向两种或两种以上的对象或活动。

9. 注意的转移：是指根据任务或需要，主动把注意从一个对象及时调动到另一个对象上去。

10. 注意的起伏：注意的这种时强时弱的周期变化，称为注意的起伏，也叫做注意的动摇。

四、辨析题

1. 意识与注意的区别与联系。

答案要点：注意与意识既有区别，又有联系。首先，注意不等同于意识。注意是一种心理活动或"心理动作"，而意识主要是一种心理内容或体验。注意提供了一种机制，决定什么东西可以成为意识的内容。只有被注意到的内外刺激，才能被个体所觉察，进而产生意识。其次，注意又和意识密不可分。人从睡眠到觉醒、再到注意，其意识状态分别处在不同的水平；即使人在觉醒状态下，也不能意识到所有的外部刺激。在可控制的意识状态下，人的注意集中在当前有意义的内容上，得到比较清晰和深刻的认识。自动化的意识状态要求很少的注意，意识的参与成分也相对较少。在白日梦状态，人的意识内容不断地变化，实际在这些内容上所分配到的注意极少。睡眠状态，人们处于一种无意识状态下，注意基本停止了活动。

2. 比较过滤器理论模型和衰减理论模型的相同点和不同点。

答案要点：两个模型的共同之处：①两个模型都认为，人的信息加工系统的容量是有限的，因此，输入的信息必须由过滤器加以调节。②两个模型都假定，过滤器的位置在知觉分析之前或在初级物理分析与高级意义分析之间，而不是反应选择阶段。

两个模型的不同之处：①假设不同。过滤器模型假设，注意选择的基础是对刺激物理属性的分析；衰减模型认为，注意分析更为复杂，可能由语义加工组成。②加工性质不同。过滤器模型假设，是"全或无"的方式；衰减模型认为，通道不是完全关闭的，而是关小或抑制。

五、简答题

1. 根据注意时有无预定目的和是否需要意志努力，可把注意分为几类？

答案要点：注意是心理活动或意识对一定对象的指向与集中。注意具有指向性和集中性的特点。

根据产生和保持注意时有无目的性和意志努力程度的不同，可以把注意分为无意注意、有意注意和有意后注意三种：

无意注意是指事先没有目的、也不需要意志努力的注意。它的引起与维持不是依靠意志的努力，而是取决于刺激物本身的性质。因此，无意注意是一种消极被动的注意。

有意注意是指有预定目的、需要一定意志努力的注意。它是注意的一种积极、主动的形式。如果说动物也有无意注意的话，那么只有人才有有意注意。

有意后注意是注意的一种特殊形式。从特征上讲，它同时具有无意注意和有意注意的某些特征。它和自觉的目的、任务联系在一起，但它不需要意志的努力。

2. 引起无意注意的原因有哪些？

答案要点：刺激物自身的特点。包括刺激物的新异性、刺激物的强度、运动变化等。

新异性是指刺激物异乎寻常的特性；强烈的刺激也容易引起不随意注意；运动的物体比静止的物体更容易引起人们的不随意注意。

人本身的特点。不随意注意与人自身的状态、需要、情感、兴趣、过去经验有密切关系。符合人的需要的事物，都容易引起人们的注意；期待也是引起不随意注意的重要条件。

3. 简述注意的资源分配理论模型。

答案要点：心理学家卡内曼（D. Kahneman）于1973年提出了第一个注意的资源分配模型，他认为，当人同时做几样活动时，如果活动不超过资源总量，这些活动就可同时进行，如超过，那么在进行第2、3项活动时，就会使第1项活动的反应退步。

相关实验：Lewis（1970）的研究发现，被试者能识别几乎所有情况下的信息，即使信息呈现给非追随耳也是如此。后来由谢夫林等人提出双加工理论，认为人类的信息加工存在两类加工，自动化加工和意识控制的加工。前者不受认知资源的限制，是自动进行的；后者受认知资源的限制，需要注意的参与。

（李 秀 王 赟）

第五章　感　觉

一、学习要求

掌握内容：感觉的概念、种类、意义；感受性的概念、感觉阈限的概念、两者之间的关系；视觉的基本现象；听觉的基本现象；常见的感觉现象和感觉的基本规律。

熟悉内容：视觉的生理机制；听觉的生理机制；听觉的基本理论。

了解内容：感觉信息的神经加工过程；视觉及听觉刺激；颜色混合及色觉缺陷现象；其他感觉现象。

二、教材精要

（一）内容简介

本章介绍了感觉的概念、种类及感觉对我们生活的重要意义。同时也介绍了感受性、常见的感觉现象、产生的机制及感觉的规律。有助于提高学生对复杂心理现象的理解。

（二）教材知识点

1. 感觉

（1）概念：感觉是人脑对直接作用于感觉器官的客观事物个别属性的反映。

（2）意义：感觉是个体觉察外界事物的一种最初级的经验，在人的心理活动中起着十分重要的作用。感觉是人们认识客观事物的第一步，作为认知过程的初级阶段，感觉为知觉以及其他复杂认识过程提供了最基本的原始材料。一切高级、较复杂的心理现象，都是在感觉的基础上产生的。

（3）分类：感觉分为外部感觉和内部感觉。外部感觉包括视觉、听觉、嗅觉、味觉、皮肤感觉，皮肤感觉又包括触觉、温觉、冷觉和痛觉；内部感觉是由来自机体内部的刺激所引起的感觉，包括骨骼及肌肉运动感觉、平衡感觉、内脏感觉等。

（4）感觉信息的神经加工的三个环节：对感受器的刺激过程，传入神经的活动，中枢神经系统或大脑皮层的活动过程。

（5）感觉阈限：是指能够引起感觉或感觉变化的刺激量，它是一个物理量，表示引起感觉的刺激量的临界值。

（6）感受性：是感觉器官对适宜刺激及其变化的感觉能力，它是一个心理量，表示人的感觉敏锐程度。感觉阈限与感受性之间呈反比关系。

（7）绝对感觉阈限：刚刚能引起感觉的最小刺激量称为绝对感觉阈限。

（8）差别感觉阈限：刚刚能引起差别感觉的刺激的最小变化量称为差别感觉阈限，又称为最小可觉差。

2. 视觉

（1）视觉的生理机制：包括折光机制、感光机制、传导机制和中枢机制。

（2）视觉的感光细胞：视锥细胞和视杆细胞是人眼视网膜上的两种感光细胞。

两种感光细胞在形态和光敏感性上存在着差别。视锥细胞对光线的敏感性较低，是昼视器官，在类似白昼的强光下起作用，主要感受事物的细节和颜色；视杆细胞对光线的敏感性较高，是夜视器官，可以在昏暗的环境中引起视觉，主要感受事物的明、暗。

（3）明度：是眼睛对光源和物体表面的明暗程度的感觉，主要由光源光线的强弱所决定，是一种视觉经验。一般来说，光源强度越强，人们看到的物体越亮；光源强度越弱，人们看到的物体越暗。人的眼睛对不同波长的光线感受性是不同的。

（4）普肯耶现象：在人眼结构中，视锥细胞能吸收可见光谱中的所有波长的光，而视杆细胞与视锥细胞相比，对较短波长的光感受性高。当由白天到夜晚时，人的视觉会由视锥细胞向视杆细胞转变，对可见光谱的感受性将会向短波方向移动，明度会发生改变。这种现象称为普肯耶现象。

（5）颜色

1）概念：颜色是光波作用于人眼引起除形象以外的视觉特征。

2）分类：颜色可以分为彩色和非彩色两大类别。

3）颜色的三个基本属性：即明度、色调和饱和度。

4）颜色混合：将不同颜色的光混合在一起称为颜色混合。绝大多数颜色现象都是由不同波长的光波混合而成的。颜色混合可以分为色光混合和颜料混合。色光混合是将不同波长的光混合在一起，是各种波长的光相加，是一种加法过程；颜料混合是将颜料在调色板上进行混合，是颜料吸收了一定波长的光线，是减色法。

（6）色觉缺陷：色觉缺陷包括色弱和色盲两种。色弱主要是辨色功能低下，对颜色的感受性降低。色弱分为全色弱和部分色弱。色盲主要是不能辨别某些颜色或全部颜色，丧失颜色感觉的现象。色盲可以是先天性也可以是后天性。色盲也分为全色盲和局部色盲两类。

（7）色觉理论

1）三原色理论：该理论认为，人的眼睛内有三种色觉感受器，即视网膜中的三种锥体细胞，每种锥体细胞的兴奋引起一种原色的感觉。光谱中，不同波长的光刺激都能引起三种锥体细胞强度不同的兴奋，产生不同的颜色经验。

2）色觉对立理论：该理论认为，视网膜上有三对视素。即红-绿视素，黄-蓝视素和黑-白视素。它们在光刺激的作用下表现为对抗的过程。

3. 听觉

（1）听觉刺激：物体振动时所产生的声波是听觉的适宜刺激，声波再通过空气传递到人耳，最终在人耳内产生听觉。

（2）声波的三种属性：即频率、振幅和波形。频率是指发声的物体每秒钟振动的次数。振幅是振动物体偏离起始位置的大小。波形是区分频率和振幅相同，但振动成分不同的声音的特殊品质。

（3）听觉的外周感受器官是耳。耳由外耳、中耳和内耳三个部分组成。外耳包括耳廓和外耳道。中耳由鼓膜、三块听小骨、卵圆窝和正圆窗组成。内耳由前庭器官和耳蜗组成。

耳蜗是人的听觉器官。

（4）听觉具有三种属性：即音高、音响和音色。

音高是指声音的高低，主要是由声波的频率决定的。声波频率不同，人们所听到的音调高低就不同。声波的频率越高，人们听到的声音就越高；反之，声音就越低。人的听觉的频率范围为16~20 000Hz，其中1000~4000Hz是人耳最敏感的区域。

音响是指声音的强弱，由声波的振幅所决定。振幅越大，声音越强；反之，声音越弱。正常人耳感受声波响度的范围是0~130db。

音色是一种将基本频率与强度相同，但附加成分不同的声音彼此区分的特征，由声波的波形决定。声波的波形不同，音色就不同。音色是一种心理量。

（5）混合音：当两个声音同时到达耳朵相混合时，由于两个声音的频率、振幅不同，混合的结果也不同。如果两个声音强度大致相同，但频率相差较大，就会产生混合音。

（6）拍音：若两个声音强度相差不大，频率也很接近，我们听到以两个声音频率的差数为频率的声音起伏现象，称为拍音。

（7）声音掩蔽：如果两个声音强度相差较大，则只能感受到其中一个较强的声音，称为声音的掩蔽。两个声音频率越接近，掩蔽的作用会越大。一般低频音对高频音的掩蔽作用比高频音对低频音的掩蔽作用大。

（8）听觉理论

1）共鸣理论：该理论认为，由于在基底膜上，有长短不同的横纤维，因而能够对不同频率的声音产生共鸣。

2）行波理论：该理论认为，声波传入到人耳，引起整个基底膜的振动。当基底膜振动时，以行波的形式发生，从耳蜗底部开始，逐渐向蜗顶推进，振动的幅度也随着逐渐增高，从而实现对不同频率的分析。

3）频率理论：该理论认为，耳蜗的基底膜是作为一个整体与外界的声波频率发生相应振动的，振动的次数与声波的频率相一致。因而，基底膜与镫骨的振动是可以复制外界声波的频率的，就类似电话机的送话器一样，是声音刺激的转换机制。当送话器受到声音刺激时，它的膜片将按照声音的频率产生振动，使线路内电流发生改变，并产生与送话端相同频率的语言。

4）神经齐射理论：该理论认为，当声音频率低于400Hz时，单一个别纤维的放电频率与声音频率是相对应的。但对于高频率的声音，整条听神经对高频声音的同步放电，就可能是听神经内具有不同兴奋时相的多个神经纤维协同活动的结果。

4. 常见感觉现象及规律

（1）适应：在刺激物持续作用下，人对刺激物的感受性会发生改变，这种现象称为适应。适应是一种感觉现象。

视觉的适应可以分为暗适应和明适应。暗适应整个过程持续30~40分钟，明适应整个过程约持续5分钟。适应所导致的感受性变化，具有一定的规律性：当持续作用的刺激物由弱变强时，感受性就会降低；当持续作用的刺激物由强变弱时，感受性就会提高。

（2）感觉对比：当某一感受器同时或先后接受到不同的刺激时，由于这些刺激在性质和强度上的对比作用，会使人对这些刺激的感受性发生一定的变化，这种现象称为感觉对比。某一感受器同时接受到不同刺激而产生的对比现象，称为同时对比。某一感受器先后接受到不同刺激而产生的对比现象，称为先后对比。

（3）后象：对感受器的刺激作用停止以后，感知觉的印象并不立即消失，还能保留一个短暂时间。这种在刺激作用停止后短暂保留的感知觉印象，称为后象。后象分为正后象和负后象两类。正后象在性质上和原刺激的性质相同，负后象的性质则同原刺激的性质相反。

（4）闪光融合：是指原本闪动或闪烁的光，如果其闪动达到一定的频率，人们在心理上就会觉得它不是断续闪动的光，而是连续、不闪动的光，即原本闪动的光在人们心理上融合起来了。

（5）联觉：当某种感觉产生时会引起另一种未受到适宜刺激作用的感觉出现的现象称为联觉。最常见的联觉现象是色听联觉。

（6）补偿：作为感觉能力，感受性不仅能因一时的环境条件变化而变化，而且能在实践活动中不断地提高和发展。这一规律往往在感觉缺陷者和专门从事某种职业者身上表现得特别明显，这种现象称为补偿。

（三）本章小结

本章重点介绍了有关感觉的知识内容，应深入理解感觉的概念、种类及对人类的意义，掌握感觉中视觉和听觉产生的机制及基本现象，常见的感觉现象及规律。结合现实生活中不同类型的感觉，认识到感觉是人类机体赖以生存的基础，也是因为有了感觉，人类才可以随时随地感受外界环境的变化，合理的调节机体的功能，来适应变化的环境。

（李成冲）

三、习题及参考答案

一、单项选择题

1. 我们在汤里最初放入10g盐，若要使汤的咸味尝起来刚好有差异，则需要增加2g盐。那么根据韦伯定律，如果最初放20g盐，若要使汤的咸味刚好有变化，则需要加盐（ ）

A. 2g　　B. 4g

C. 6g　　D. 8g

2. 颜色视觉的三个基本属性是（ ）

A. 色调、波长、照度　　B. 色调、明度、照度

C. 波长、明度、饱和度　　D. 色调、明度、饱和度

3. 视觉感受野位于（ ）

A. 外侧膝状体　　B. 视网膜

C. 额叶　　D. 视觉皮层

4. 应用频率理论解释听觉现象时，使用的声音频率范围是（ ）

A. 500Hz以下　　B. 1000~5000Hz

C. 5000~10 000Hz　　D. 10 000Hz以上

5. 我们在注视黄色背景上的一小块灰色纸片几分钟后，会感觉到灰色的纸片呈蓝色。这种现象称为（ ）

A. 颜色适应　　B. 颜色对比

C. 颜色恒常　　D. 颜色混合

6. 以可见光波的长短为序，人类感觉到的颜色依次为（ ）

A. 红黄绿紫　　B. 红绿黄蓝

C. 紫红黄蓝　　D. 红紫蓝绿

7. 人耳最敏感的声音频率范围是(　　)

A. 16~20 000Hz　　B. 50~5000Hz

C. 300~5000Hz　　D. 1000~4000Hz

8. 除嗅觉外,感觉信息传入大脑皮层的最后一个中转站是(　　)

A. 脑桥　　B. 下丘脑

C. 海马　　D. 丘脑

9. 根据听觉位置理论,耳蜗对高频声波反应的敏感区域位于(　　)

A. 顶部　　B. 中部

C. 底部　　D. 背部

10. 甜蜜的嗓音、温暖的色彩这种感觉现象是(　　)

A. 适应　　B. 对比

C. 后像　　D. 联觉

11. 大脑两半球之间传递信息的神经结构是(　　)

A. 杏仁核　　B. 胼胝体

C. 边缘系统　　D. 内囊

12. 神经系统最小的单位是(　　)

A. 神经元　　B. 轴突

C. 突触　　D. 胞体

13. 大部分色盲**不能**区分(　　)

A. 红和青　　B. 红和蓝

C. 红和黄　　D. 红和绿

14. 感受性提高的感觉适应现象是(　　)

A. 触觉适应　　B. 嗅觉适应

C. 暗适应　　D. 明适应

15. 色盲一般多为先天性,隔代遗传,男性色盲是由(　　)

A. 外祖父通过母亲传给外孙

B. 祖父和母亲均为色盲者,第三代男性必是色盲

C. 祖父通过父亲传给孙子

D. 外祖父和父亲均是色盲,第三代男性肯定为色盲

16. 盲人由于丧失了重要的视觉,但其他的感觉却变敏感了,这种现象为(　　)

A. 感觉后象　　B. 感觉补偿

C. 感觉适应　　D. 联觉

17. 绝对感觉阈限是指(　　)

A. 能够觉察出最小刺激量的能力

B. 能够觉察出刺激最小差别的能力

C. 刚刚能引起感觉的最小刺激量

D. 刚刚能引起差别感觉的最小差别量

18. 感觉阈限与感受性之间呈(　　)

A. 正比关系　　B. 反比关系

C. 常数值　　D. 对数关系

19. 当我们注视一个红色的正方形一段时间后，将视线转移到白色的背景墙上，就会看到一个蓝绿色的正方形，这种现象称为(　　)

A. 后象　　B. 联觉

C. 对比　　D. 适应

20. 人的可见光谱范围是在(　　)nm

A. 300~700　　B. 500~800

C. 380~780　　D. 320~720

二、多项选择题

1. 声音的听觉属性有(　　)

A. 音频　　B. 音调

C. 音响　　D. 音色

2. 视网膜上的视锥细胞与视杆细胞的区别有(　　)

A. 数量不同　　B. 功能不同

C. 形状不同　　D. 分布位置不同

3. 感觉对我们的生活有重要的意义，包括(　　)

A. 感觉是一切心理活动赖以产生的基础

B. 感觉为我们提供了内外环境的信息

C. 感觉对于我们的生活没有太多影响

D. 感觉可以分为外部感觉和内部感觉

4. 对于感觉的适应性哪些是正确的(　　)

A. 痛觉的适应很显著

B. 嗅觉的适应依据气味刺激的性质而不同

C. 温度觉的适应性很显著

D. 触压觉很难适应

5. 用于解释人耳对声音频率的分析理论包括(　　)

A. 共鸣理论　　B. 行波理论

C. 频率理论　　D. 神经齐射理论

6. 后像可以分为(　　)

A. 融合　　B. 掩蔽

C. 正后象　　D. 负后象

7. 以下哪几对视素是色觉对立理论所提出的(　　)

A. 红 - 绿视素　　B. 黑 - 白视素

C. 红 - 黄视素　　D. 黄 - 蓝视素

8. 颜色具有哪几种基本特性(　　)

A. 色调　　B. 明度

C. 饱和度　　D. 混合

9. 以下对于全色盲的叙述**错误**的是(　　)

A. 属于完全性视锥细胞功能障碍

B. 患者尤喜暗且畏光，表现为昼盲

C. 患者主要是不能分辨红色
D. 对红色与深绿色、蓝色与紫红色以及紫色不能分辨

10. 感觉对比可以分为( )。

A. 先后对比 B. 左右对比
C. 同时对比 D. 上下对比

三、名词解释

1. 感觉
2. 差别感受性与差别感觉阈限
3. 绝对感受性和绝对感觉阈限
4. 感觉阈限
5. 明度

四、简答题

1. 感觉对我们的生活和工作有什么意义呢?
2. 简述感觉阈限与感受性的关系。
3. 简述人耳对不同频率声波的感受性。
4. 音调与频率的关系是什么?
5. 怎样理解色觉对立过程理论?
6. 根据感觉相互作用的现象,说明为什么重感冒患者往往会感觉食而无味?
7. 感觉的规律是什么? 请举例。

参考答案

一、单项选择题

1. B 2. D 3. B 4. A 5. B 6. A 7. D 8. D 9. C 10. D
11. B 12. A 13. D 14. D 15. A 16. B 17. C 18. B 19. A 20. C

二、多项选择题

1. BCD 2. ABCD 3. AB 4. BC 5. ABCD 6. CD
7. ABD 8. ABC 9. CD 10. AC

三、名词解释

1. 感觉:是人对直接作用于感觉器官的客观事物的个别属性的反映。

2. 差别感受性与差别感觉阈限:差别感觉阈限是指引起差别感觉的最小刺激量。差别感受性是指对两个刺激间最小差别量的感觉能力。

3. 绝对感受性和绝对感觉阈限:绝对感觉阈限是指刚刚能够引起感觉的最小刺激量。绝对感受性则是指感觉器官对最小刺激量的感觉能力。

4. 感觉阈限:指能够引起感觉或感觉变化的刺激量。

5. 明度:是眼睛对光源和物体表面的明暗程度的感觉,主要由光源光线的强弱所决定,是一种视觉经验。

四、简答题

1. 感觉对我们的生活和工作有什么意义呢?

答案要点:首先,感觉使个体觉察到刺激的存在,分辨出内外环境刺激的个别属性。其次,感觉保证了机体与环境的信息平衡。再次,感觉是一切高级、复杂心理现象的基础。

2. 简述感觉阈限与感受性的关系。

答案要点：感觉阈限与感受性之间呈反比关系。人产生感觉的感觉阈限越大，说明其感受性越低，感觉越不敏锐；感觉阈限越小，则说明其感受性越高，感觉越敏锐。

3. 简述人耳对不同频率声波的感受性。

答案要点：人耳所能接受的适宜刺激是频率为 16~20 000Hz 的声波。人的听觉感受性在 1000~4000Hz 的声波范围内最高，低于 500Hz 和高于 5000Hz 的声波需要较大的强度才能被感觉得到。16Hz 以下和 20 000Hz 以上的声音都是人耳不能接受的。人的听觉也会随着年龄的变化而不同，儿童能听到 30 000~40 000Hz 的高音，50 岁以上的人只能听到低于 13000Hz 的高音。

4. 音调与频率的关系是什么？

答案要点：频率是指发声的物体每秒钟振动的次数，其单位是赫兹。声音不同，其频率也是不相同的。一般声音的频率越高，音调就越高；频率越低，音调就越低。

5. 怎样理解色觉对立过程理论？

答案要点：该理论认为，视网膜上存有三对视素。即红 - 绿视素，黄 - 蓝视素，黑 - 白视素。该理论也认为任何颜色和白光都能引起黑白机制的活动，如果等量的黄光和蓝光混合，它们能引起黑白机制的活动，看起来是黄刺激可以抵消蓝刺激的作用，两种颜色是拮抗的，对立的，所以最后只有白色的感觉；等量的红光和绿光混合，根据同理，绿刺激可以抵消红刺激的作用，也只能产生中性的明度感觉；因而黑林提出了有三对起拮抗作用的器官，即红和绿感受器，黄和蓝感受器以及黑和白感受器。

6. 根据感觉相互作用的现象，说明为什么重感冒患者往往会感觉食而无味？

答案要点：感觉相互作用认为各种感觉之间是相互作用的。人对某个事物的感受，往往是对来自多通道的感觉的整合而形成的。嗅觉和味觉的相互作用尤其明显。当人感冒时，往往会鼻塞，从而影响嗅觉的感受性；在对味道的感觉中，嗅觉是非常重要的，如果没有嗅觉参与品尝食物时，会食而无味。

7. 感觉的规律是什么？请举例。

答案要点：(1)适应：在刺激物的持续作用下，人对刺激物的感受性会发生改变，这种现象称为适应。例如，我们刚走进一个机器声轰鸣的车间时，开始时觉得声音特别响，连人们说话声也听不到，但是很快地就觉得习惯了，这是听觉适应；“入芝兰之室，久而不闻其香；入鲍鱼之肆，久而不觉其臭”，这是嗅觉适应现象。

(2)对比：当某一感受器同时或先后接受到不同的刺激时，由于这些刺激在性质和强度上的对比作用，会使人对这些刺激的感受性发生一定的变化，这种现象称为感觉对比。例如，刚吃过糖果后马上又去品尝橘子，就会觉得以前较甜的橘子味道变酸了；吃了苦汤药后接着吃糖果，会觉得汤药变得更苦了。

(3)后象：对感受器的刺激作用停止以后，感知觉的印象并不立即消失，还能保留一个短暂时间，称为后象。后象分为正后象和负后象两类。例如，注视日光灯二、三十秒，然后闭灯，头脑中仍会觉得有一个日光灯的光亮形象出现在暗的背景上，为正后象；如果继续注视，就会看见一个黑色的日光灯形象出现在亮的背景上，为负后象。

(4)联觉：当某种感觉产生时会引起另一种未受到适宜刺激作用的感觉出现的现象称为联觉。例如，红色、黄色看上去使人觉得温暖，被称为“暖色”，而蓝色、紫色常引起人冷的感受，被称之为“冷色”。

（5）补偿：盲人、聋人或盲聋人，由于丧失了重要的视、听觉，在生活实践中就需要运用其他感官来加以补偿，于是起到补偿作用的感觉器官的感受性就相应地得到超常发展，从而弥补了视、听觉的缺陷。

（李成冲）

第六章　知　觉

一、学习要求

掌握内容：知觉的概念，感知觉的关系；空间知觉、时间知觉、运动知觉、错觉的概念。

熟悉内容：知觉对象与背景；知觉整体与部分的关系；知觉的组织原则；知觉理解性的作用；知觉恒常性的种类；知觉的特征；知觉的自下而上和自上而下的加工；似动的形式。

了解内容：知觉的生理机制；模式识别；错觉现象及有关理论。

二、教材精要

（一）内容简介

本章介绍了知觉的概念、特性、分类；重点介绍了知觉的特性，又分别介绍了空间知觉、时间知觉、运动知觉的概念，以及相关原则和影响因素；最后介绍了错觉现象及其理论。

（二）教材知识点

1. 知觉的概述

（1）概念：知觉是人对直接作用于感觉器官的客观事物的各个属性的整体反映，是人对感觉信息的组织和解释的过程。这个概念有 5 层含义：一是客观事物直接作用于感官；二是对事物的整体的反应；三是对感觉信息的组织过程；四是对感觉信息的解释过程；五是在实践活动中发展起来的。

（2）感觉与知觉的关系：区别：第一，反映内容不同。感觉是对事物的个别属性的反映，而知觉是对事物的各个属性及其相互关系的整体反映。第二，生理机制不同。感觉是单一分析器的活动，知觉是多种分析器的协同活动的结果。第三，产生的性质不同。感觉是介于心理和生理之间的活动；知觉则是以生理机制为基础的纯粹的心理活动。感觉与知觉的联系：第一，感觉与知觉都是对事物属性的直接反映，都属于对事物的感性认识阶段。第二，感觉是知觉的基础。第三，发生上密不可分。就像事物的个别属性不能脱离事物的整体而存在一样，反映事物个别属性的感觉也不能脱离反映事物整体的知觉而存在。

（3）知觉的信息加工：知觉瞬间完成，看似毫不费力，但实际上知觉包括大量的智力工作和许多复杂的加工过程，这个过程包含觉察、分辨和确认。认知心理学认为知觉是对感觉信息（刺激信息）进行加工，在知识经验的参与下，通过信息加工过程而实现对刺激信息意义的理解。这种加工过程有两种：自上而下的加工和自下而上的加工。

1）知觉中的自下而上和自上而下的加工：自下而上的加工是根据直接作用于感觉器官的刺激物的特性进行的加工过程。自上而下的加工是指运用已有的知识经验以及概念来加工当前信息的过程。这两个加工过程是相互联系、交互作用的。

2）模式识别：模式识别就是指觉察到某个模式的存在，并将它与其他模式区分开来，从而确认这个模式是什么。即对模式的觉察、分辨和确认，这个过程即即知觉的过程。模式识别的理论有：模式匹配理论、原型匹配理论、特征分析理论、结构优势描述理论。

（4）知觉的生理机制：由于在人的神经系统的不同水平上，存在着各种特征觉察器，它们分别对客观事物的各种特性或属性作出反应，也就是把不同的刺激模式分解（分析）成它们的组成部分。在进行特征觉察的同时，人的神经系统也在不同水平和不同层次上实现对这些刺激性质的整合，完成了"特征捆绑"的过程。大脑皮层不同区域具有不同的分析、综合机能。感觉皮层的一级区实现着对外界信息的初步分析和综合。感觉皮层的二级区主要负责整合的机能。感觉皮层的三级区是视觉、听觉、前庭觉、肤觉和动觉的皮层部位的"重叠区"，它在实现各种分析器间的综合作用方面起着特殊的作用。额叶在人的知觉中也有重要作用。额叶损伤的患者常常失去主动知觉的意图，不能对知觉客体作出合理的假设，并且不能对知觉结果进行正确的评定。

人的视觉系统中存在着两个功能不同的子系统："what"系统和"where"系统。"what"系统由枕叶到颞叶的通路组成，它负责处理物体是什么的信息；"where"系统由枕叶到顶叶的通路组成，负责处理物体在哪里的信息。

2. 知觉的基本特性

（1）知觉的选择性：①概念：在特定时间内，人们总是根据需要或主客观情况，从众多事物中选择某个或某几个事物作为知觉的对象，知觉的这一特征称为知觉的选择性，也称知觉的对象性。②影响因素：容易引起人无意注意的客观事物，比如强度较大、色彩鲜明、活动的客体容易成为知觉选择的对象，此外知觉者的经验、兴趣、爱好、任务、职业等都影响着知觉对象的选择。③作用：更有效地感知外界事物，适应外界环境。

（2）知觉的整体性：①概念：人在过去经验的基础上，把由多种属性构成的事物知觉为一个统一的整体的特性就是知觉的整体性或知觉的组织性。②影响因素：知觉的整体性受主客观两方面因素的制约。其一，受客体的结构关系的制约。其二，知觉的整体性还受主体的知识经验的制约。③知觉的组织原则：接近原则、相似原则、对称原则、连续原则、闭合原则、共同命运原则、简单性原则、同域原则。④作用：知觉的整体性使人们对感觉材料的处理达成简明性，提高了知觉事物的能力。

（3）知觉的理解性：①概念：知觉的理解性是指人在知觉的过程中，以知识经验为依据，力求对知觉对象做出解释并且赋予其意义的特性。②影响因素：知觉理解性主要受到个人的知识经验、言语指导、实践活动以及个人兴趣爱好等多种因素的影响。③作用：知觉依赖于理解，只有在理解的基础上才能产生知觉，理解有利于知觉的选择和知觉的整体性。

（4）知觉的恒常性：①概念：在知觉的过程中，当知觉的条件在一定范围内发生变化时，知觉对象的映象仍然保持相对不变的现象被称作知觉的恒常性。②种类：形状恒常性、大小恒常性、颜色恒常性、明度恒常性。③影响因素：其一，主体过去的知识经验。其二，条件变化的程度。④作用：使人们能够在不同的条件或情况下，根据事物的实际面貌反映事物，以适应变化多端的客观世界，利于人们的生存和发展。

3. 知觉的分类

（1）空间知觉：①概念：空间知觉是对客观世界物体的空间关系的认识，具体包括物体大小、距离、形状和方位等在头脑中的反映。②空间知觉的种类：形状知觉、大小知觉、距离知觉和方位知觉。③距离知觉的线索有：其一肌肉线索（生理线索），晶状体的调节和双眼视轴的辐合。其二是单眼线索，其中包括：相对大小、遮挡、纹理梯度、空气透视、明暗、线条透视、运动视差。其三是双眼视差，由于两眼之间的距离，立体的物体在两眼视网膜上的成像就略有差异，这一差异被称为双眼视差。双眼视差是产生物体立体知觉的重要依据，这是因为两眼的不对应的视觉刺激转变为神经兴奋传到大脑皮层，通过整合即产生了立体知觉。④方位知觉：方位知觉是指对物体的空间关系和对机体自身所在空间位置的知觉。主要包括视觉定位和听觉定位，听觉定位的线索包括单耳线索和双耳线索。其中，双耳线索是指人的两只耳朵中间相隔约 27.5cm。这样，同一声源到达两耳的距离不同，便产生了两耳刺激的时间差、强度差和位相差，这是人耳进行声音定向的主要线索。

（2）时间知觉：①概念：时间知觉是对事物发展的延续性、顺序性的知觉。②时间知觉的参考系包括 3 个方面：其一是自然界的周期现象及其他客观标志；其二是计时工具；其三是生理的节律性信息。③影响时间知觉的各种因素包括感觉通道的性质；活动的性质和内容；情绪和态度。④时间知觉是在人类社会实践中逐步发展起来的。“时间感”是人的适应活动的非常重要的部分。

（3）运动知觉：①概念：运动知觉是物体在空间的位移特性在人脑中的反映。②种类：运动知觉可分为真动知觉和似动知觉。③真动知觉的概念：物体按特定速度或加速度从一处向另一处作连续的位移，由此引起的知觉就是对“真正运动的知觉”。运动知觉依赖于对象运行的速度、距离以及观察者本身的状态。当物体运动时，如何获得物体运动的信息呢？包括两种运动系统，一是网像运动系统（相邻视网膜点相继受到的刺激成为运动知觉的信息来源）；二是头 - 眼运动系统（来自身体运动时肌肉的动作反馈信息以及视网膜像信息的相互作用）。④似动知觉的概念：似动知觉是指在一定的条件下把客观上静止的物体看成是运动的，或把客观上不连续的位移看成是连续运动的知觉现象。似动知觉的形式：动景运动（指两个刺激物按一定空间间隔和时间距离相继呈现时，知觉到一个刺激物向另一个刺激物的连续运动）；自主运动（固定光点的似动现象叫自主运动也称之为游动效应）；诱导运动（由于一个刺激物的运动使其相邻的一个静止的刺激物产生的运动）；运动后效。

4. 错觉

（1）错觉概述：①概念：错觉是指人在特定条件下对客观事物必然产生的某种有固定倾向的受到歪曲的知觉。它是在客观事物刺激作用下产生的对刺激的主观歪曲的知觉。②研究错觉的意义：一是有助于揭示正常知觉客观世界的规律，消除错觉对人类实践活动的不利影响。二是研究错觉还可以利用错觉规律为人类实践活动服务。

（2）错觉的种类：常见的有大小错觉、形状错觉、方向错觉、形重错觉、运动错觉、时间错觉等。其中大小错觉、形状和方向错觉有时统称为几何图形错觉，是种类最丰富的错觉之一。

（3）错觉产生的原因：从 18 世纪人们就寻求对错觉现象的解释，迄今已经形成了以下几种主要的错觉理论，前三种影响比较大。①第一种称之为眼动理论，把错觉归结为刺激取样的误差。这种理论认为，人们在知觉几何图形时，眼睛总在沿着图形的轮廓或线条作有规律的扫描运动。当扫视图形的某些特定部分时，由于周围轮廓的影响，改变了眼动的方向和范围，造成取样的误差，因而产生各种知觉的错误。②第二种是神经抑制理论，把错觉归结为知觉系统的神经生理学原因。这种理论认为，当两个轮廓彼此接近时，视网膜内的侧抑制过程改变了由轮廓所刺激的细胞的活动，因而使神经兴奋分布的中心发生变化。

结果，看到的轮廓发生了相对的位移，引起几何形状和方向的各种错觉。③第三种是深度加工和常性误用理论，这种理论用认知的观点来解释错觉。错觉是知觉恒常性的一种例外，是误用了知觉恒常性的结果。④第四种是混淆和错误比较理论，该理论认为错觉是混淆或错误地比较造成的。⑤第五种是对比和同化理论，由于人们在观察事物的时候总是离不开周围的环境和背景的影响而造成错觉。

（三）本章小结

本章介绍了知觉及其特性和种类，尤其是对知觉的特性和种类进行重点介绍，并对知觉的信息加工方式做了简要说明。知觉是心理学的一个重要研究领域。尤其是伴随着认知心理学的兴起，知觉的研究取得了一系列引人注目的研究成果，使人们对知觉的性质和过程的理解也发生了变化，对知觉的研究将越来越多。

（侯日霞）

三、习题及参考答案

一、单项选择题

1. 天空有大片云彩飘动时，人们看到月亮好像在云彩中穿行，而云彩好像没动，这是(　　)现象

A. 真动　　B. 似动

C. 幻想　　D. 自动

2. 看两可图形时，知觉的对象和背景可以发生变化，这是知觉的(　　)

A. 整体性　　B. 恒常性

C. 选择性　　D. 理解性

3. 看书时，用红笔画出重点，便于重新阅读，是利用知觉的(　　)

A. 整体性　　B. 理解性

C. 选择性　　D. 恒常性

4. 总把红旗知觉为红色，无论它是在黄光或蓝光照射下都是如此，这种特性被称之为知觉的(　　)

A. 选择性　　B. 整体性

C. 理解性　　D. 恒常性

5. 不同的人对同一事物的知觉结果可能不同，这可用知觉的(　　)来解释

A. 选择性　　B. 整体性

C. 理解性　　D. 恒常性

6. “外行看热闹，内行看门道”体现了知觉的(　　)

A. 选择性　　B. 整体性

C. 理解性　　D. 恒常性

7. 下列选项中，不属于深度知觉单眼线索的是(　　)

A. 空气透视　　B. 结构梯度

C. 运动视差　　D. 视轴辐合

8. 观众把篮球比赛中穿着不同服装的运动员相应地归为不同的球队，这体现了知觉组织的(　　)

A. 对称性原则　　B. 邻近性原则

C. 连续性原则　　D. 相似性原则

9. 小张去车站接一位陌生客人，他的预期会影响对这位客人的辨认。这种知觉的加工方式主要是(　　)

A. “全或无”加工　　B. 额颜加工
C. 自上而下的加工　　D. 自下而上的加工

10. 下列选项中，属于似动现象的有(　　)

A. 火车的行驶　　B. 时针的转动
C. 花的开放　　D. 动感的霓虹灯广告

11. 从高楼顶上看街道上的行人，尽管看上去很小，但不会把他们看作是小孩。这种现象体现的主要知觉特征是(　　)

A. 大小恒常性　　B. 形状恒常性
C. 方向恒常性　　D. 明度恒常性

12. 一般而言，产生立体知觉重要的线索是(　　)

A. 运动视觉　　B. 运动视差
C. 双眼视差　　D. 空气透视

13. 向远方直线延伸的两条平行铁轨看起来逐渐聚合，个体据此判断距离。他所依赖的单眼线索是(　　)

A. 视轴辐合　　B. 线条透视
C. 运动视差　　D. 运动透视

14. (　　)判断时间的精确性最好

A. 听觉　　B. 触觉
C. 视觉　　D. 嗅觉

15. 一件白衬衫在灯光昏暗的房间里和在阳光明媚的户外亮度不同，但是仍然将其知觉为白衬衫。这种知觉的特性是(　　)

A. 大小恒常性　　B. 形状恒常性
C. 方向恒常性　　D. 明度恒常性

16. 远处行驶的汽车看起来很小，但人们并不认为汽车变小了，这种知觉的特性是(　　)

A. 整体性　　B. 理解性
C. 选择性　　D. 恒常性

17. 下列选项中，将明暗和阴影作为重要线索的知觉是(　　)

A. 形状知觉　　B. 大小知觉
C. 深度知觉　　D. 颜色知觉

18. 格列高里认为，人们除了依靠网像运动系统获得关于物体运动的信息以外，还依靠(　　)获得物体运动的信息。

A. 特征觉察系统　　B. 头眼运动系统
C. 外周神经系统　　D. 自主神经系统

19. 在一个黑暗的房间里注视一根点燃的熏香，开始你会看到一个静止的光点，过了一会儿，你会觉得这个光点似乎在运动，这种现象是(　　)

A. 动景运动　　B. 诱发运动

C. 自主运动　　D. 运动后效

20. 下列哪个选项是情绪对时间估计长短的影响规律(　　)
A. 正在经历的事件，情绪愉快则过得慢
B. 盼望的事件，愉快情绪的事件来得慢
C. 已经过去的事件，情绪不愉快则显得长
D. 正经历的事件，情绪不愉快则过得快

二、多项选择题

1. 知觉的特性包括(　　)
A. 整体性　　B. 选择性
C. 恒常性　　D. 理解性
2. 知觉的恒常性一般表现为(　　)等方面的恒常性
A. 空间　　B. 大小
C. 形状　　D. 颜色
3. 在深度知觉中，来自视觉线索本身的深度线索有(　　)
A. 双眼视差　　B. 视野中的高度
C. 线性透视　　D. 调节与辐合
4. 影响时间知觉的因素包括(　　)
A. 个体的兴趣和情绪　　B. 感觉通道的性质
C. 一定时间内事件发生的数量　　D. 一定时间内事件发生的性质
5. 似动现象有(　　)
A. 动景运动　　B. 诱发运动
C. 自主运动　　D. 运动后效

三、名词解释

1. 知觉
2. 知觉的选择性
3. 知觉的整体性
4. 知觉的理解性
5. 知觉的恒常性
6. 空间知觉
7. 时间知觉
8. 运动知觉
9. 错觉
10. 双眼视差

四、简答题

1. 什么是知觉？感觉与知觉有什么关系？
2. 如何理解知觉的自上而下加工和自下而上加工？
3. 影响时间知觉的因素有哪些？
4. 知觉有哪些特征？请分别举例说明。
5. 什么叫双眼视差？怎样解释它在深度知觉中的作用？
6. 什么是似动知觉？似动知觉有哪些主要形式？

7. 什么是错觉？错觉产生的原因是什么？

8. 距离知觉的线索有哪些？

参考答案

一、单项选择题

1. B 2. C 3. C 4. D 5. C 6. C 7. D 8. D 9. C 10. D
11. A 12. C 13. B 14. A 15. D 16. D 17. C 18. B 19. C 20. B

二、多项选择题

1. ABCD 2. BCD 3. AD 4. ACD 5. ABCD

三、名词解释

1. 知觉：人对直接作用于感觉器官的客观事物的各个属性的整体反映，是人对感觉信息的组织和解释的过程。

2. 知觉的选择性：在特定时间内，人们总是根据需要或主客观情况，从众多事物中选择其中的某个或某几个事物作为知觉的对象，知觉的这一特征称为知觉的选择性。

3. 知觉的整体性：人在过去经验的基础上，把由多种属性构成的事物知觉为一个统一的整体的特性就是知觉的整体性。

4. 知觉的理解性：知觉的理解性是指人在知觉的过程中，以知识经验为依据，力求对知觉对象做出解释并且赋予其意义的特性。

5. 知觉的恒常性：在知觉的过程中，当知觉的条件在一定范围内发生变化时，知觉对象的映象仍然保持相对不变的现象被称作知觉的恒常性。

6. 空间知觉：空间知觉是对客观世界物体的空间关系的认识，具体包括物体大小、距离、形状和方位等在头脑中的反映。

7. 时间知觉：时间知觉是对事物发展的延续性、顺序性的知觉。

8. 运动知觉：运动知觉是物体在空间的位移特性在人脑中的反映。

9. 错觉：错觉是指人在特定条件下对客观事物必然产生的某种有固定倾向的受到歪曲的知觉。

10. 双眼视差：由于两眼之间的距离，立体的物体在两眼视网膜上的成像就有差异，这一差异称为双眼视差。

四、简答题

1. 什么是知觉？感觉与知觉有什么关系？

答案要点：知觉是人对直接作用于感觉器官的客观事物的各个属性的整体反映，是人对感觉信息的组织和解释的过程。感觉与知觉关系紧密，既有区别又有联系。区别：第一，反映内容不同。感觉是对事物的个别属性的反映，而知觉是对事物的各个属性及其相互关系的整体反映。第二，生理机制不同。感觉是单一分析器的活动，知觉是多种分析器的协同活动的结果。第三，产生的性质不同。感觉是介于心理和生理之间的活动；知觉则是以生理机制为基础的纯粹的心理活动。感觉与知觉的联系：第一，感觉与知觉都是对事物的直接反映，都属于对事物的感性认识阶段。第二，感觉是知觉的基础。第三，发生上密不可分。就像事物的个别属性不能脱离事物的整体而存在一样，反映事物个别属性的感觉也不能脱离反映事物整体的知觉而存在。

2. 如何理解知觉的自上而下加工和自下而上加工？

答案要点：首先，知觉的产生基于大量的感觉信息。自下而上的加工是对直接作用于感觉器官的刺激物的特性进行加工的过程。人们从周围环境中获得各种感觉信息，然后大脑将这些信息加以抽取并加工成相关信息，由于这种加工始于外界的感觉信息——数据，所以这种类型的加工也称之为刺激驱动或者数据驱动的加工，意指心理加工是由刺激直接引起的。

知觉的自上而下加工过程，是指运用已有的知识经验以及概念来加工当前信息的过程。人们的需要、动机、兴趣、期望和知识经验会影响人们会注意哪些刺激，如何将刺激组织起来，又如何解释它们。大脑中存储的信息能对刺激的解释起到引导作用。例如，你要到车站接一个据说很有名气但是你不认识的心理学家，你对他的期待、你已有的经验将影响到你对来客的识别和确认，所以自上而下的加工也叫概念驱动的加工。

3. 影响时间知觉的因素有哪些？

答案要点：影响时间知觉的各种因素包括感觉通道的性质；活动的性质和内容；情绪和态度等。

4. 知觉有哪些特征？请分别举例说明。

答案要点：知觉的选择性：当人们通过感觉器官接收信息时，并非对环境中所接触到的一切刺激特征都悉数接收，而是有选择地以少数事物作为知觉的对象。因此在特定时间内，人们总是根据需要或主客观情况，从众多事物中选择某个或某几个事物作为知觉的对象，以便对其进行清晰的反映，而把同时存在的其他事物视为知觉的背景，仅对之进行模糊的反映。比如双关图形。

知觉的整体性：人在过去经验的基础上，把由多种属性构成的事物知觉为一个统一的整体的特性就是知觉的整体性。

知觉的理解性：是指人在知觉的过程中，以知识经验为依据，力求对知觉对象做出解释并且赋予其意义的特性。比如隐匿图形和不可能图形。

知觉的恒常性：在知觉的过程中，当知觉的条件在一定范围内发生变化时，知觉对象的映象仍然保持相对不变的现象被称作知觉的恒常性，包括大小、形状、颜色、明度的恒常。例如，同一个人站在离人们远近不同的位置时，尽管他在人们视网膜上的投影因为距离不同而改变着，但是人们对其身高的知觉依然保持相对不变。

5. 什么叫双眼视差？怎样解释它在深度知觉中的作用？

答案要点：由于两眼之间的距离，立体的物体在两眼视网膜上的成像就有差异，这一差异称为双眼视差。作用：双眼视差是产生物体立体知觉的重要依据，这是因为两眼的不对应的视觉刺激转变为神经兴奋传到大脑皮层，通过整合即产生了立体知觉。

6. 什么是似动知觉？似动知觉有哪些主要形式？

答案要点：似动知觉是指在一定的条件下把客观上静止的物体看成是运动的，或把客观上不连续的位移看成是连续运动的知觉现象。似动知觉的形式有：动景运动；自主运动；诱导运动；运动后效。

7. 什么是错觉？错觉产生的原因是什么？

答案要点：错觉是指人在特定条件下对客观事物必然产生的某种有固定倾向的受到歪曲的知觉，它是在客观事物刺激作用下产生的对刺激的主观歪曲的知觉。

错觉产生的原因主要有以下三个：①眼动理论，把错觉归结为刺激取样的误差。这种理论认为，人们在知觉几何图形时，眼睛总在沿着图形的轮廓或线条作有规律的扫描运动。

当扫视图形的某些特定部分时，由于周围轮廓的影响，改变了眼动的方向和范围，造成取样的误差，因而产生各种知觉的错误。②神经抑制理论，把错觉归结为知觉系统的神经生理学原因。这种理论认为，当两个轮廓彼此接近时，视网膜内的侧抑制过程改变了由轮廓所刺激的细胞的活动，因而使神经兴奋分布的中心发生变化。结果是看到的轮廓发生了相对的位移，引起几何形状和方向的各种错觉。③深度加工和常性误用理论，这种理论用认知的观点来解释错觉。错觉是知觉恒常性的一种例外，是误用了知觉恒常性的结果。此外还有④混淆和错误比较理论，该理论认为错觉是混淆或错误地比较造成的。⑤对比和同化理论，由于人们在观察事物的时候总是离不开周围的环境和背景的影响而造成错觉。

8. 距离知觉的线索有哪些？

答案要点：距离知觉的线索有：其一肌肉线索（生理线索）：晶状体的调节和双眼视轴的辐合。其二是单眼线索，其中包括：相对大小、遮挡、纹理梯度、空气透视、明暗、线条透视、运动视差。其三是双眼视差，双眼视差是距离知觉最重要的线索。

（侯日霞　杨世昌）

第七章　记　忆

一、学习要求

掌握内容：记忆的概念；记忆的基本过程；瞬时记忆、短时记忆、长时记忆的加工；遗忘的概念；遗忘的规律；遗忘的原因。

熟悉内容：记忆的分类；内隐记忆的概念；工作记忆的概念。

了解内容：内隐记忆与外显记忆的关系；工作记忆的成分。

二、教材精要

（一）内容简介

本章介绍了记忆的相关概念，基本过程及记忆的规律，重点阐述了记忆的过程；感觉记忆、短时记忆、长时记忆信息的加工，遗忘规律及遗忘原因，并介绍了记忆的生理机制。

（二）教材知识点

1. 记忆的概述

（1）记忆的概念

记忆是在头脑中积累和保存个体经验的心理过程。人对经历过的事物的反映，它是一个从“记”到“忆”的过程。具体说来，包括识记、保持和回忆三个基本环节。

（2）记忆的过程

1）识记：识记就是人们识别并记住事物的过程。识记是记忆的第一步。识记的分类：根据识记时是否有明确目的和是否需要意志努力，可以将识记分为无意识记和有意识记；根据识记是否建立在理解的基础上，可以将识记分为机械识记和意义识记。识记的规律：其一，目的对识记效果的影响：有目的的识记的效果明显优于无目的的识记的效果。其二，理解程度对识记效果的影响：对所识记的材料是否理解，以及理解程度不同，识记效果也有明显差异。识记有意义的材料要容易得多、快得多，效果好得多。其三，材料特性对识记效果的影响：识记材料在性质、难易、数量和位置等方面的不同，对识记的效果有不同影响。最后，主体状态对识记效果的影响：主要表现为大脑的兴奋状态、个体的情绪状态等对识记的影响。

2）保持：保持是识记的事物在头脑中储存和巩固的过程。保持中的事物会受时间和后继经验等因素的影响，以至在数量上和质量上都会发生一定的变化。具体来说，与原初识记时的事物相比，保持中的事物会有如下显著变化：简略、概括；完整、合理；夸张、突出。

3）回忆和再认：回忆是指过去经历过的事物的形象或概念在人们头脑中重现的过程。再认是过去经历过的事物重新出现时，能够识别出来的心理过程。

（3）记忆的分类：①内容性分类：根据记忆的内容，通常把记忆分为形象记忆、语义记忆、情绪记忆和运动记忆 4 种。②时间性分类：根据信息保持时间的长短，将记忆分为瞬时记忆（即感觉记忆）、短时记忆和长时记忆 3 种。③功能性分类：根据记忆的现实功能，可以将记忆分为陈述性记忆和程序性记忆两类。陈述性记忆指对有关事实和事件的记忆。程序性记忆是指如何做事情的记忆。④意识性分类：根据记忆是否意识到，可以将记忆分为外显记忆和内隐记忆两种。外显记忆是指在意识的控制下，过去经验对当前作业产生的有意识的影响。内隐记忆是指在个体无法意识的情况下，过去经验对当前作业产生的无意识的影响。

（4）记忆的生理机制：①记忆的脑学说：包括整合论和定位论。美国心理学家拉什利最早提出了记忆的整合论。他认为记忆是整个大脑皮层活动的结果而非皮层上某个特殊部位的机能；定位说则认为，记忆和大脑的一些特定区域有关系。②记忆的脑细胞机制：主要涉及反响回路、突触结构及长时程增强。

2. 记忆的信息加工系统

（1）瞬时记忆：感觉刺激作用在原有刺激物已经不再呈现时，仍然继续保持一个很短的时间，这就构成了记忆的第一个阶段，称为瞬时记忆，亦称感觉记忆。其特点是：依据刺激物的物理特性编码，具有鲜明的形象性；保持时间很短，在 0.25~2 秒；其记忆容量受感受器的解剖生理特点制约；信息在瞬时记忆中登记是无意识的，如果受到注意，它就转入短时记忆，如果未受到注意就很快消失。

（2）短时记忆：短时记忆是从瞬时记忆到长时记忆之间的过渡环节，是记忆系统中唯一可对信息进行有意识加工的记忆阶段，其保持时间在一分钟以内，称为短时记忆。其特点是：编码方式以言语听觉为主，也包括视觉语义编码；其记忆容量约为 7±2 个组块；主要加工方式为复述和组块化。

（3）长时记忆：保持时间在一分钟以上以至终生的记忆，都属长时记忆。它是对短时记忆加工复述的结果，其特点是：记忆容量很大；编码方式以语义编码为主；信息存储是一个动态的过程，其信息提取包括再认和回忆两种基本形式。回忆效果的影响因素包括保持程度、回忆线索的提取、联想水平、情绪状态等。

3. 遗忘

（1）概述：识记过的东西不能再现或再认，或者错误的再现或再认，称之为遗忘。从信息加工的观点看，遗忘就是信息无法提取或错误提取。遗忘可分为两类：永久性的遗忘和暂时性的遗忘。

（2）遗忘的规律

1）遗忘的数量规律：指记忆保存量随时间而变化的规律。艾宾浩斯是对人类记忆和遗忘进行实验研究的创始人，他用无意义音节作为记忆的材料，以重学时节省的时间或次数为指标，测量遗忘的进程。根据实验结果绘制的保持曲线，也称为“遗忘曲线”。遗忘曲线表明了遗忘在数量上的变化规律：遗忘的数量随时间的进程而递增；遗忘的进程是先快后慢。

2）遗忘的性质规律：遗忘的性质规律指遗忘具有一定的选择性，影响遗忘的因素包括：材料的性质和数量、学习程度、材料的序列位置（材料的首尾容易记住，而中间部分容易遗忘）以及材料的意义与作用。

（3）遗忘的原因：①衰退学说：运用“用进废退”的观点来解释遗忘，认为遗忘可能是长时间不用的结果。从生理基础上讲，记忆是在大脑皮层中建立暂时神经联系而留下的痕迹的过程。记忆内容如果长时间不用，其痕迹就因得不到强化而逐渐减弱、衰退以至消失。②干扰学说：该学说认为，遗忘是先前的记忆内容和后来的记忆内容之间的相互干扰，以致造成抑制效应的结果。这种干扰有两种，即前摄抑制和倒摄抑制。倒摄抑制是后来的记忆内容对回忆先前的记忆内容所产生的干扰作用；前摄抑制是先前的记忆内容对回忆后来的记忆内容所产生的干扰作用。③压抑说：该学说认为遗忘是由于个体因某种有意无意的动机主动压抑相应记忆的结果所致。因此，这种遗忘也称"心因性遗忘"。④提取失败说：该学说认为，有时候一些事情之所以想不起来，不是因为头脑中的记忆内容真的消失了，而是因为人们在回忆的时候没有找到适当的提取线索。

（三）本章小结

本章介绍了记忆的概念、过程、分类及记忆的规律，重点阐述了记忆的过程、记忆的加工系统、遗忘规律及遗忘理论。因概念和内容较多，在学习时应注意概念的理解，熟悉工作记忆及记忆的分类。

（乔正学）

三、习题及参考答案

一、单项选择题

1. 短时记忆的容量为（　　）

   A. 3 组块　　B. 4 组块

   C. 7 组块　　D. 10 组块

2. 经历过的事物再度出现时，能把它认出来，这是（　　）

   A. 识记　　B. 知觉

   C. 回忆　　D. 再认

3. 考试时做问答题，属于记忆过程中的（　　）

   A. 识记　　B. 知觉

   C. 回忆　　D. 再认

4. 长时记忆最主要的编码方式是（　　）

   A. 视觉编码　　B. 听觉编码

   C. 语义编码　　D. 形象编码

5. 艾宾浩斯对遗忘的研究发现（　　）

   A. 遗忘趋势先慢后快，最后稳定在一定水平上

   B. 遗忘趋势先快后慢，最后稳定在一定水平上

   C. 遗忘趋势先慢后快，记忆量持续减少

   D. 遗忘趋势先快后慢，记忆量持续减少

6. 当我们从电话簿上查到一个电话号码后，立刻就能根据记忆拨出这个号码；但是事过之后，再问你这个号码，却往往记不起来，这种记忆是（　　）

   A. 感觉记忆　　B. 短时记忆

   C. 形象记忆　　D. 长时记忆

7. 补笔测验通常用来研究（　　）

   A. 前瞻记忆　　B. 外显记忆

C. 内隐记忆　　D. 元记忆

8. 工作记忆属于( )

A. 感觉记忆　　B. 短时记忆

C. 长时记忆　　D. 语义记忆

二、多项选择题

1. 根据记忆的内容,可以将记忆分为( )

A. 形象记忆　　B. 外显记忆

C. 语义记忆　　D. 运动记忆

2. 记忆的基本过程包括( )

A. 识记　　B. 保持与遗忘

C. 再认和回忆　　D. 认识过程

3. 遗忘的原因包括( )

A. 衰退说　　B. 干扰说

C. 压抑说　　D. 提取失败说

三、名词解释

1. 记忆
2. 长时记忆
3. 遗忘
4. 回忆
5. 内隐记忆
6. 组块
7. 工作记忆

四、简答题

1. 试述记忆过程的基本环节及其内在联系。
2. 影响短时记忆编码的因素。
3. 简述遗忘的原因。
4. 简述长时记忆中信息提取的过程。

参考答案

一、单项选择题

1. C　2. D　3. C　4. C　5. B　6. B　7. C　8. B

二、多项选择题

1. ACD　2. ABC　3. ABCD

三、名词解释

1. 记忆:在头脑中积累和保存个体经验的心理过程。
2. 长时记忆:保持时间在一分钟以上以至终生的记忆。
3. 遗忘:识记过的东西不能回忆或再认,或者错误的回忆或再认。
4. 回忆:指过去经历过的事物的形象或概念在人们头脑中重新出现的过程。
5. 内隐记忆:指在个体无法意识的情况下,过去经验对当前作业产生的无意识的影响。
6. 组块:就是记忆者根据自己的知识经验,将孤立的信息项目连接成的一种意义单位或独立单元。

7. 工作记忆：在执行认知任务的过程中，对信息进行暂时储存和加工的、有限的记忆系统。

四、简答题

1. 试述记忆过程的基本环节及其内在联系。

答案要点：记忆包括识记、保持和回忆 3 个基本环节。其中，识记是识别和记住事物，从而积累经验的过程；保持是储存和巩固已获得的经验的过程；回忆是恢复过去经验的过程。在记忆过程中，这 3 个环节是彼此密切联系着的。没有识记，就谈不上保持；没有保持，就无从回忆。识记和保持是回忆的前提，而回忆则是识记和保持的结果及表现。同时，回忆还能进一步加强对经验的识记和保持。

2. 影响短时记忆编码的因素。

答案要点：（1）觉醒状态：觉醒状态即大脑皮层的兴奋水平，它直接影响到记忆编码的效果。艾宾浩斯在 1885 年通过实验发现，被试在上午 11 点 ~12 点的学习效率最高，而在下午 6 点 ~8 点的学习效率最低，这可能与不同的觉醒状态有关。

（2）加工深度：认知加工深度也是影响短时记忆编码的因素。在一项研究中，主试要求两组被试分别对一个词表进行特定字母检索和语义评定作业，实验前告诉每组中的一半被试在作业结束后要有一个回忆测验（提示组），对另一半被试则不告诉有回忆测验（未提示组）。在作业结束后，要求两组所有被试都进行回忆测验。结果发现，在特定字母检索作业组中，提示组的回忆成绩要好于未提示组的成绩，而在语义评定作业组中，两组被试的成绩没有差异。造成这一结果的原因是：语义评定组对字词的加工深度比较大，因此提示组和未提示组的被试都有很好的成绩；而特定字母检索组在加工水平上比较低，因此提示组的成绩较好。

（3）组块：短时记忆的突出特点是其容量的有限性。短时记忆的容量相当有限，大约是 7 组块。所谓组块，就是记忆者根据自己的知识经验，将孤立的信息项目连接成的一种意义单位或独立单元。组块可以提高记忆的容量和效率。

3. 简述遗忘的原因。

答案要点：（1）衰退学说：以“用进废退”的观点来解释遗忘，认为遗忘可能是长时间不用的结果。具体来说，从生理基础上讲，记忆是在大脑皮层中建立暂时神经联系而留下的痕迹的过程。记忆内容如果不断被提取使用，其痕迹就会因强化而变得更为巩固；如果长时间不用，其痕迹就因得不到强化而逐渐减弱、衰退以至消失。

（2）干扰学说：认为遗忘是先前的记忆内容和后来的记忆内容之间的相互干扰，以致造成抑制效应的结果。这种干扰有两种形态，即前摄抑制和倒摄抑制。倒摄抑制是后来的记忆内容对回忆先前的记忆内容所产生的干扰作用。前摄抑制是先前的记忆内容对回忆后来的记忆内容所产生的干扰作用。

（3）压抑说：这一学说力图从主观方面解释遗忘的产生，认为遗忘是由于个体因某种有意无意的动机主动压抑相应记忆的结果所致。因此，这种遗忘也称“心因性遗忘”。

（4）提取失败说：该学说认为，有时候一些事情之所以想不起来，不是因为头脑中的记忆内容真的消失了，而是因为我们在回忆的时候没有找到适当的提取线索。

4. 简述长时记忆中信息提取的过程。

答案要点：长时记忆的信息提取包括再认和回忆两种基本形式。

回忆是指过去经历过的事物的形象或概念在人们头脑中重新出现的过程。回忆是识记、保持的结果和表现，是记忆的最终目的。再认是过去经历过的事物重新出现时，能够识别出来的心理过程。与回忆相比较，再认是一种较低水平的回忆过程，仅以能确认过去经历过的事物为特征，而如果经历过的事物不在眼前则无法再认。因此，能够回忆的事物，肯定能够再认；而能够再认的事物，不一定能够回忆。

（乔正学）

第八章　表象与想象

一、学习要求

掌握内容：表象的概念，表象的特征；想象的概念；无意想象的概念，有意想象的概念；创造想象的概念，再造想象的概念；创造想象的实现方式。

熟悉内容：想象的功能；幻想和理想的概念。

了解内容：想象与客观现实。

二、教材精要

（一）内容简介

本章介绍了表象和想象的概念、特征、功能与分类；重点介绍了想象的分类，尤其是创造想象和再造想象的界定及区别，以及实现创造想象的4种方式。

（二）教材知识点

1. 表象

（1）概念：是指当事物不在面前时，人们在头脑中出现的关于事物的形象。

（2）特征：第一，直观性。表象是以生动具体的形象在头脑中出现的，仿佛直接知觉到事物的某些特征一样。第二，概括性。表象虽在知觉的基础上产生，但不是知觉事物的简单再现，而是对知觉事物的主要特征的概括性再现。第三，可操作性。由于表象是知觉的类似物，因此人们可以在头脑中对表象进行操作。

2. 想象的概述

（1）概念：是人对头脑中的已有形象进行加工改造而产生新形象的心理过程。

（2）想象在人类的社会实践中的功能：第一，预见功能。人们在进行社会实践之前，必须在头脑中预见实践的结果，以便按照预定的奋斗目标，进行有目的的实践活动。第二，补充功能。在社会实践中，有许多事物由于空间的遥远和时间的久远，人们是难以直接感知的。人们可以通过想象补充这种不足，扩大自己的视野和知识面。另外，在学校教育中，为了提高学习的效率，人们可以通过想象来弥补直接经验的缺乏，较好地掌握书本上的间接知识。第三，代替功能。当人们某些需要不能实际得到满足时，可以利用想象的方式得到心理满足。第四，调节功能。想象对人的生理活动过程也有调节作用，它能改变人体的某些机能活动过程。

（3）想象与客观现实的关系：想象是人脑对客观现实的反映。因为，构成新形象的基础是记忆表象，而记忆表象的原材料则来源于客观现实。而且，不论想象的结果多么离奇，都可以在客观现实中找到它的原型。另外，想象的内容不仅来源于客观现实，而且受制于客观现实。如果人们在现实中从来没有感知过某类事物，那么不可能在其头脑中展开关于该类事物的想象。

3. 想象的分类

（1）分类：想象可以从3个角度去分类：从有无目的性来看，可分为无意想象和有意想象；从内容的新颖程度来看，可分为再造想象和创造想象；从与现实的关系来看，可分为理想和空想。

（2）无意想象和有意想象

1）无意想象是指事先没有预定目的的想象。它通常是在某种刺激的作用下，不由自主地产生的。人们在睡眠时所做的梦，也是一种无意想象。

2）有意想象是指事先有预定目的的想象。与无意想象不同，有意想象是人们自觉进行的想象，即人们在有意想象过程中始终控制着想象的方向和内容。有意想象通常以再造想象、创造想象和幻想（理想与空想）等3种形式表现出来。

（3）创造想象与再造想象

1）再造想象是指人们根据现成的文字描述或图形示意，在头脑中形成相应的新形象的过程。再造想象在日常学习和生活中具有重要意义。借助再造想象，人们可以突破自己的生活空间，把握自己不曾感受或无法感受的事物，拓展认识和体验的范围。再造想象虽然是重现别人想象过的形象，但其中也含有一定的创造成分。

2）创造想象是指人们不依据现成的描述而独立创造出新形象的心理过程。与再造想象相比，创造想象具有首创性、独立性和新颖性等特点。创造想象是人们创造活动的一个必不可少的因素，是创造活动顺利开展的关键。有了创造想象的参与，人们在创造活动中才有可能根据预定的目的并结合以往的经验，将概念与形象、现实与未来、具体和抽象有机地结合起来，形成创造性的新形象，勾画出创造活动的最终成果的表象模型。没有创造想象，技术发明、科学研究、艺术创作等创造活动都无法顺利进行。

（4）创造想象的实现方式

1）黏合。黏合就是把各个生活领域和生活现象的不同方面和特征组合在一起。神话中有许多形象，就是人们通过黏合活动而产生的想象。

2）夸张。夸张就是改变客观事物的正常特点，或者突出某些特点而略去另一些特点在头脑中形成新的形象。

3）拟人化。把人类的特性、特点加在外界事物上，使之人格化的过程，称为拟人化。

4）典型化。创造想象过程是创造新形象的过程，从这个意义上说，每个新的创造物都是一个典型，典型既具有代表性，又具有创新性。新形象的创造过程和主要环节，就是典型的抽取过程。创作想象要经过多重加工，高度概括，其中最主要的是抽取典型特征的过程，把最有代表性的特点分离和抽取出来，概括到某一对象身上，从而得到的就是一个既具代表性，又具有创新性的典型形象。

（5）幻想（理想与空想）：幻想是与个人生活愿望相联系并指向未来事物的想象。

幻想与一般创造想象有两点区别：第一，幻想总是与个人愿望相联系，即人们幻想的事物都是人们希望将来拥有或实现的，而一般的创造想象并不与个人愿望相联系。第二，幻想并不与当前的活动直接相联系，而是对未来活动的向往。

幻想具体表现为理想与空想两种形式。那些符合事物发展的客观规律，有实现的可能的幻想，称之为理想；那些不符合事物发展的客观规律，根本不可能实现的幻想，称之为空想。

（三）本章小结

本章介绍了表象和想象，尤其对不同的想象进行了重点介绍，并对实现创造想象的4种方式做了说明。想象是心理过程之一，虽然目前的研究不如记忆等心理过程多，但想象的作用越来越受到重视，理论与实践方面的探索会越来越多。

（张丽军）

三、习题及参考答案

一、单项选择题

1. 读“月落乌啼霜满天，江枫渔火对愁眠”诗句时，脑中浮现出相关形象的过程是（　　）

A. 创造想象　　B. 无意想象
C. 再造想象　　D. 幻想

2.（　　）是指当事物不在面前时，人们在头脑中出现的关于事物的形象

A. 表象　　B. 想象
C. 再造想象　　D. 再认

3. 想象是（　　）

A. 对已有的表象进行加工改造，创造出新形象的过程
B. 人脑对客观事物间接的、概括的反映
C. 认识事物的本质和事物之间的内在联系的过程
D. 人在觉醒状态下的觉知

4. 想象可以分为（　　）

A. 无意想象和有意想象　　B. 梦和幻觉
C. 理想和空想　　D. 积极想象和消极想象

5.（　　）是指和一个人的愿望相联系并指向未来的想象

A. 幻想　　B. 幻觉
C. 梦　　D. 妄想

6.（　　）是指人们根据现成的文字描述或图形示意，在头脑中形成相应的新形象的过程

A. 创造想象　　B. 表象
C. 再造想象　　D. 再认

7.（　　）是指人们不依据现成的描述而独立创造出新形象的心理过程

A. 创造想象　　B. 表象
C. 再造想象　　D. 再认

8. 表象的特征**不包括**（　　）

A. 直观性　　B. 概括性
C. 可操作性　　D. 预见性

9. 想象的功能**不包括**（　　）

A. 预见　　B. 补充
C. 组织　　D. 调节

二、多项择选题

1. 表象的特征有(　　)

A. 直观性　　B. 概括性

C. 可操作性　　D. 预见性

2. 想象的功能包括(　　)

A. 预见　　B. 补充

C. 代替　　D. 调节

三、名词解释

1. 表象
2. 想象
3. 有意想象
4. 无意想象
5. 创造想象
6. 再造想象
7. 幻想

四、简答题

1. 创造想象的实现方式有哪些?
2. 表象的特征有哪些?
3. 如何理解想象与客观现实的关系?

参考答案

一、单项选择题

1. C　2. A　3. A　4. A　5. A　6. C　7. A　8. D　9. C

二、多项选择题

1. ABC　2. ABCD

三、名词解释

1. 表象:是指当事物不在面前时,人们在头脑中出现的关于事物的形象。

2. 想象:是人对头脑中的已有形象进行加工改造而产生新形象的心理过程。

3. 有意想象:是指事先有预定目的的想象。与无意想象不同,有意想象是人们自觉进行的想象,即人们在有意想象过程中始终控制着想象的方向和内容。

4. 无意想象:指事先没有预定目的的想象。它通常是在某种刺激的作用下,不由自主地产生的。

5. 创造想象:是指人们不依据现成的描述而独立创造出新形象的心理过程。

6. 再造想象:是指人们根据现成的文字描述或图形示意,在头脑中形成相应的新形象的过程。

7. 幻想:是与个人生活愿望相联系并指向未来事物的想象。

四、简答题

1. 创造想象的实现方式有哪些?

答:(1)黏合:黏合就是把各个生活领域和生活现象的不同方面和特征组合在一起。

(2)夸张:夸张就是改变客观事物的正常特点,或者突出某些特点而略去另一些特点在头脑中形成新的形象。

（3）拟人化：把人类的特性、特点加在外界事物上，使之人格化的过程，称为拟人化。

（4）典型化：创造想象过程是创造新形象的过程，从这个意义上说，每个新的创造物都是一个典型，典型既具有代表性，又具有创新性。新形象的创造过程和主要环节，就是典型的抽取过程。

2. 表象的特征有哪些？

答案要点：第一，直观性。表象是以生动具体的形象在头脑中出现的，仿佛直接知觉到事物的某些特征一样。

第二，概括性。表象虽在知觉的基础上产生，但不是知觉事物的简单再现，而是对知觉事物的主要特征的概括性再现。

第三，可操作性。由于表象是知觉的类似物，因此人们可以在头脑中对表象进行操作。

3. 如何理解想象与客观现实的关系？

答案要点：想象是人脑对客观现实的反映。因为，构成新形象的基础是记忆表象，而记忆表象的原材料则来源于客观现实。而且，不论想象的结果多么离奇，都可以在客观现实中找到它的原型。另外，想象的内容不仅来源于客观现实，而且受制于客观现实。如果人们在现实中从来没有感知过某类事物，那么不可能在其头脑中展开关于该类事物的想象。

（张丽军）

第九章 思 维

一、学习要求

掌握内容：思维的分类概念和概念的获得、影响问题解决的因素、概念的获得和信息加工理论对于问题解决的表述。

熟悉内容：思维的过程、种类；影响问题解决的因素；创造性的培养。

了解内容：概念结构的理论、概念形成的策略、推理的种类。

二、教材精要

（一）内容简介

本章首先介绍了思维的概念、种类和品质，重点阐述思维的过程，然后，介绍了概念的含义、种类、概念获得和概念形成的理论，并介绍推理和问题解决，着重阐释了影响问题解决的因素。

（二）教材知识点

1. 思维的概述

（1）思维的概念：思维（thinking）是对事物本质和规律的间接、概括的反映，是认识的高级形式，主要表现在概念形成、问题解决等活动中。思维有以下一些特征：

间接性：思维的间接性是指思维能在感性认识的基础上，借助于已有的知识经验，间接地去理解和把握那些没有感知过的或无法感知到的事物。

概括性：思维的概括性是指思维对事物本质和规律的间接反映，是以概括的方式进行的。

（2）思维的种类：思维可以从多维度去分类：

1）动作思维、形象思维、抽象思维：按思维时的凭借物，可以将思维分为动作思维、形象思维、抽象思维。从个体思维发展的角度来看，这三种思维也反映了思维发展的不同水平。

动作思维：是指凭借具体动作进行的思维。

形象思维：是指凭借具体形象或表象进行的思维。

抽象思维：是指凭借概念、判断和推理等抽象方式进行的思维。

2）发散思维和辐合思维：按思维探索答案的方向的不同，可以将思维分为发散思维和辐合思维。

发散思维：发散思维是指思路向多方面扩散，力求寻找多种答案的思维。

辐合思维：辐合思维是指从众多信息或众多可能的答案中寻求正确答案或最佳答案的

思维。

3）直觉思维和分析思维：按思维活动是否有明确的逻辑步骤，可以将思维分为直觉思维（非逻辑思维）和分析思维（逻辑思维）。

直觉思维：是指没有明确的逻辑步骤或完整的思维过程，依靠灵感或顿悟而快速作出判断并得出结论的思维，也称非逻辑思维。

分析思维：是指有明确的逻辑步骤或完整的思维过程，经过一步步的推导而作出判断并得出结论的思维，也称逻辑思维。

4）常规思维和创造思维：按思维的创新程度，可以将思维分为常规性思维和创造性思维。

常规思维：是指按照惯常的方式或已有的模式来解决问题的思维。

创造思维：是指不按照惯常的方式或已有的模式，而是以新颖、独创的方式来解决问题的思维。

（3）思维的品质

1）思维的敏捷性：它是指思维活动的快捷程度。

2）思维的深刻性：思维的深刻性即思维的深度。

3）思维的灵活性：它是指思维活动的灵活程度。

4）思维的批判性：它是指思维活动的监控程度。

5）思维的广阔性：思维的广阔性即思维的广度。

（4）思维的过程

1）分析与综合：分析是指把思维对象分解为各个部分、方面或属性，并逐一加以考察的心智操作。综合是在指在分析的基础上，把思维对象的各个部分、方面或属性联合为一个整体的心智操作。

2）比较与归类：比较是指把几个事物或事物的组成部分加以对比，确定它们的相同点和不同点的心智操作。归类是在人脑中根据客观事物的异同把它们区分为不同的种类或类型的思维过程。

3）抽象与概括：抽象是将事物的本质属性抽取出来，并将非本质属性舍弃的心智操作。概括是在头脑中把抽象出来的各种对象或观念之间的共同属性结合起来，联系起来的加工方式。

2. **概念**

（1）概念的含义：概念（concept）是人脑对客观事物的本质特征的认识，是一类事物的共有特征，这些特征可将其与其他事物区分开，是思维的最基本的单位，

（2）概念的种类

1）具体概念和抽象概念：具体概念是指按照事物指认属性形成的概念。抽象概念是指按照事物内在的、本质的属性形成的概念。

2）合取概念、析取概念和关系概念：合取概念是指根据一类事物中单个或多个相同属性形成的概念，这些属性在概念中必须同时存在。

3）自然概念和人工概念：自然概念是指历史发展过程中自然形成的概念。人工概念是指人为制造出来的，没有实际含义的概念。

（3）概念的获得

1）概念的获得方式：所谓概念获得就是掌握概念所反映的事物的本质属性，以及掌握

概念的内涵，又称为概念学习。个体概念获得的方式有两种：概念形成和概念同化。

概念形成是个体在日常生活中从大量具体实例出发，对得到肯定的一类实例加以概括，抽出共同的属性，从而获得概念的方式。

概念同化是个体利用头脑中已经掌握的概念去接受一个新的从属概念的方式。

2）概念获得的影响因素：已有经验；变式（变式就是将概念的正例加以变化，即概念的非本质属性的变化）；实际运用。

（4）概念结构的理论

1）层次网络模型：层次网络模型是由柯林斯等人提出的第一个概念结构模型。该模型最早是针对言语理解的计算机模拟提出的，后来被用来说明概念的结构。该理论认为，概念是以结点（node）存储在层次网络中，每个概念具有一定的特征，这些特征实行分层存储。各类属概念按逻辑上下级关系组织在一起，概念间通过连线表示它们的类属关系，这样彼此具有类属关系的概念组成了一个概念的网络。在网络中，层次越高的概念，其抽象概括的水平也越高。

2）特征表理论：特征表理论是由波纳等人提出的。特征表理论认为，概念是由定义特征和概念规则构成。概念规则包括肯定、否定、合取、析取、关系等。

3）原型模型：原型模型主要是由茹什等人提出来的。该理论认为原型是指范畴中最能代表该范畴的典型成员，概念是由原型和与原型有相似性特征的成员构成的。

（5）概念形成的策略

1）保守性聚焦：保守性聚焦是对总体假设的检验策略，是指把第一个肯定实例（焦点）包含的全部属性都看作是未知概念的有关属性，以后只改变其中的一个属性。

2）博弈性聚焦：也是对总体假设的检验，是指把第一个肯定实例所包含的全部属性都看作是未知概念的有关属性。

3）同时性扫描：是指根据主试所给的第一个肯定实例的部分属性来形成多个部分假设。

4）继时性扫描：是指在已形成的部分假设的基础上，根据主试的反馈，每次只检验一个假设，如果这种假设被证明是正确的，就保留它，否则就采用另一个假设。

3. 推理和决策

（1）推理

1）推理的概念推理指由已知的判断推出另一个新判断的思维活动。

2）推理的种类：演绎推理是指从一般知识的前提得出特殊知识的结论的推理。演绎推理有如下三种形式：三段论推理、线性推理、条件推理。归纳推理是指从特殊知识的前提得出一般知识的结论的推理。它实质上就是概念的形成。

（2）决策

1）决策的概念：决策是指人在面对各种各样的问题方案时进行评估比较后作出最终选择的过程。

2）决策的过程

发现问题　决策者要在全面调查研究的基础上发现差距，确认问题，并抓住问题的关键。

确定目标　目标是决策所要达到的预期结果和要求。决策目标要根据所要解决问题的性质来确定。

拟订方案　即提出两个或两个以上的可行方案供比较和选择。

选择方案　即对拟订的多个备选方案进行分析评价，从中选出一个最满意的方案。

执行方案　方案的执行是决策过程中至关重要的一步。在方案选定以后，就可制定实施方案的具体措施和步骤。

检查处理　一个大规模决策方案的执行通常需要较长的时间，在这段时间中，情况可能会发生变化，必须通过定期的检查评价，及时掌握决策执行的进度，将有关信息反馈到决策机构。

4. 问题解决

（1）问题解决的概念：问题解决是指人在面临着问题这个情境时，经过一系列认知加工活动，使问题得以解决的过程。例如，证明一道几何题，已知条件和求证结果构成了问题情境，应用已知条件进行一系列认知操作，操作成功，问题得以解决。

（2）问题解决的策略

1）算法策略就是对问题空间进行搜索，直至找到一种有效地解决问题的方法。

2）启发法是人根据已有经验，在问题空间进行较少的搜索，从而达到问题解决的方法。

手段 - 目的分析法：是将问题的目标状态分解为多个子目标，通过完成子目标达到总目标。

逆向搜索：是从目标状态反推的一种方法。

爬山法：是首先考察初始状态，然后选用一定的方法，使初始状态逐步接近目标状态，以达到问题解决的一种方法。

（3）影响问题解决的因素

1）问题情境：问题情境是指问题解决者所要解决的问题的客观情境或问题的呈现方式。一般说来，问题情境与人的知识经验或认知结构的差异越大，问题就越难解决；反之，问题则容易解决。

2）原型启发：所谓原型就是与问题解决对象在结构、功能等方面有类似之处，能使人的思维受到启发作用的事物。

3）定势：定势是指心理活动的定向趋势，它是由于已有知识经验的作用而形成的一种心理准备状态。

4）动机强度：动机强度与问题解决的效率之间存在着辩证关系。如果动机强度低下，问题解决者会因为缺乏足够的动力而不能进行有效的思维或有始有终地解决问题；但如果动机强度太大，问题解决者也会因为心情急切而产生“欲速而不达”的后果。

5. 创造性思维

（1）创造性思维的概念：创造性思维是指以新颖、独创的方法解决问题的思维。通过这种思维，不仅能揭示客观事物的本质及其内在联系，而且能在此基础上产生新颖的、独创的、有社会意义的思维成果。

（2）创造性思维的特点

1）新颖性。创造性思维不同于一般的思维活动，它要求打破惯常的解决问题的方法，将已有的知识经验进行改组或重建，创造出个体前所未知的或社会前所未有的思维成果。

2）发散与集中结合。众多的心理学家认为，创造性思维是发散思维与集中思维两种思维活动相结合的产物。

3）创造想象参与。创造想象是创造性思维的重要成分。

4）灵感状态。灵感状态是创造性思维活动的又一典型特征。

（3）创造性思维的过程

1）准备期：所谓准备期，是指创造活动前，创造者积累有关知识经验，搜集有关资料和信息，为创造性思维活动作准备的阶段。

2）酝酿期：酝酿期是指在已积累的知识经验的基础上，对问题和资料进行深入探索和思考的时期。

3）豁朗期：豁朗期是指思路豁然开朗，创造者对所思考的问题一下子“恍然大悟”的时期，也称灵感期。

4）验证期：验证期是指对创造成果进行验证补充和修正，使其趋于完善的时期。

（三）本章小结

本章重点阐述了思维的涵义、分类及其品质；概念的种类和结构的理论；问题解决的思维过程及其影响问题解决的因素；创造性思维的涵义、特点及其过程。

（潘　玲　杨世昌）

三、习题及参考答案

一、单项选择题

1. 医生通过观察、号脉、听诊能诊断病情主要属下列哪种思维特性（　　）
   A. 直接性　　B. 间接性
   C. 广阔性　　D. 概括性
2. 学生做多项选择题时说明其下列哪种思维能力强（　　）
   A. 再现思维　　B. 求同思维
   C. 辐合思维　　D. 发散思维
3. 对解答问题有启示作用的相类似的事物叫（　　）
   A. 原型　　B. 原型启发
   C. 定势　　D. 问题情境
4. “足智多谋、随机应变”是下列哪种思维品质（　　）
   A. 广阔性　　B. 敏捷性
   C. 灵活性　　D. 深刻性
5. 直观时运用变式方法的目的主要是（　　）
   A. 激发兴趣　　B. 引起注意
   C. 丰富想象　　D. 掌握概念
6. 受过去经验与习惯影响而产生的心理活动的准备状态是（　　）
   A. 定势　　B. 定义
   C. 变式　　D. 同化
7. “灵感或顿悟”属于（　　）
   A. 发散思维　　B. 再现思维
   C. 分析思维　　D. 直觉思维
8. 已有的解决问题的知识经验与方法对解决新问题的影响，称为（　　）
   A. 变式　　B. 定势
   C. 迁移　　D. 原型启发

9. 人脑对客观事物进行归类与分类的思维过程是(　　)

A. 抽象　　B. 概括

C. 系统化　　D. 具体化

10. 下列哪一种选项**不属于**思维的基本形式(　　)

A. 比较　　B. 判断

C. 概念　　D. 推理

二、多项选择题

1. 根据思维的形态可以把思维分成(　　)

A. 动作思维　　B. 形象思维

C. 抽象思维　　D. 辐合思维

2. 下列说法正确的是(　　)

A. 概念是人脑对客观事物本质特性的反映　　B. 人工概念是对自然的模拟

C. 概念不能用词语标示与记载　　D. 每一个概念都有内涵和外延

3. 思维的基本特征有(　　)

A. 间接性　　B. 目的性

C. 概括性　　D. 形象性

4. 定势是一种影响问题解决的(　　)

A. 心理活动的倾向性　　B. 过去解决问题的经验

C. 心理活动的准备状态　　D. 功能固着

5. 思维的过程有(　　)

A. 想象与推理　　B. 分析与综合

C. 抽象与概括　　D. 比较与归类

6. 思维按回答问题的方向可分为(　　)

A. 创造性思维　　B. 再造性思维

C. 发散思维　　D. 辐合思维

7. 创造性思维的过程包括(　　)

A. 准备期　　B. 酝酿期

C. 豁朗期　　D. 验证期

8. 概念获得的影响因素包括(　　)

A. 已有经验　　B. 间接经验

C. 变式　　D. 实际运用

9. 启发法包括(　　)

A. 手段 - 目的分析法　　B. 逆向搜索

C. 爬山法　　D. 算法

10. 影响问题解决的因素包括(　　)

A. 问题情境　　B. 原型启发

C. 定势　　D. 动机强度

三、名词解释

1. 思维

2. 发散思维

3. 直觉思维
4. 概念
5. 抽象概念
6. 推理
7. 演绎推理
8. 归纳推理
9. 创造性思维
10. 问题解决

四、简答题

1. 简述问题解决过程中常用的启发式策略。
2. 思维的特征。

参考答案

一、单项选择题

1. B　2. D　3. A　4. C　5. D　6. A　7. D　8. B　9. C　10. A

二、多项选择题

1. ABC　2. ABD　3. AC　4. AC　5. BCD　6. CD
7. ABCD　8. ACD　9. ABC　10. ABCD

三、名词解释

1. 思维：是对事物本质和规律的间接、概括的反映，是认识的高级形式。
2. 发散思维：是指思路向多方面扩散，力求寻找多种答案的思维。
3. 直觉思维：是指没有明确的逻辑步骤或完整的思维过程，依靠灵感或顿悟而快速作出判断并得出结论的思维，也称非逻辑思维。
4. 概念：是人脑对客观事物的本质特征的认识，是一类事物的共有特征，这些特征可将其与其他事物区分开，是思维的最基本的单位。
5. 抽象概念：是指按照事物内在的、本质的属性形成的概念。
6. 推理：是指由已知的判断推出另一个新判断的思维活动。
7. 演绎推理：是指从一般知识的前提得出特殊知识的结论的推理。
8. 归纳推理：是指从特殊知识的前提得出一般知识的结论的推理。
9. 创造性思维：是指以新颖、独创的方法解决问题的思维
10. 问题解决：是指人在面临着问题这个情境时，经过一系列认知加工活动，使问题得以解决的过程。

四、简答题

1. 简述问题解决过程中常用的启发式策略。

答案要点：启发式策略是人根据一定经验，在问题空间内进行较少的搜索，以达到问题解决的一种方法。启发法不能保证问题解决的成功，但这种方法比较省力。它有以下几种策略：

（1）手段 - 目的分析：将需要达到问题的目标状态分成若干子目标，通过实现一系列子目标最终达到总的目标。但是有时为了达到目标，不得不暂时扩大目标状态与初始状态的差异，以便最终达到目标。

（2）逆向搜索：就是从问题的目标状态开始搜索直至通往初始状态的通道或方法。

（3）爬山法：采用一定的方法逐步降低初始状态和目标状态的距离，以达到问题解决的一种方法。

2. 思维的特征。

答案要点：（1）概括性：概括性是指在大量感性材料的基础上，把一类事物共同的特征和规律抽取出来，加以概括。

（2）间接性：间接性是指人们借助于一定的媒介和一定的知识经验对客观事物进行客观的认识。

（3）思维是对经验的改组：思维是一种探索和发现新事物的心理过程，它常常指向事物的新特征和新关系，这就需要人们对头脑中已有的知识经验不断进行更新和改组。

（潘　玲）

第十章　语　言

一、学习要求

掌握内容：语言的结构和表征；语言理解，包括词汇理解、句子理解和语篇理解；语言的产生，包括语言产生的单位和语言产生的过程。

熟悉内容：语言的概念；语言的种类，包括外部语言和内部语言；语言的中枢神经机制，包括语言运动中枢、语言听觉中枢和语言视觉中枢。

了解内容：语言的发音器官与机制；语言理解和语言产生的理论模型；语言信息处理的神经模型。

二、教材精要

(一)内容简介

本章首先介绍了语言的概念、结构、种类和表征，其次描述了语言的生物基础，重点阐述了人们如何加工语言，包括语言理解活动(听、读)和语言产生活动(说、写)。

(二)教材知识点

1. 语言的概念与表征

(1)语言的概念

1)语言的定义：一方面语言是一种社会现象，是人类从社会成员的言语交流中抽象概括出来的一套符号系统。另一方面，语言又是个体运用这套符号系统进行交流活动的行为。

2)语言的特征

语言的创造性：一方面，人们使用数量有限的词语和组合这些词语的语法规则，便能够理解和产生无限数量的句子。另一方面，同样一种思想观点可以用各种不同的语言来表达。

语言的结构性：语言中的词汇都不是随意组合的，而是受到一定规则的约束。语言种类不同，结构规则也有所不同。

语言的意义性：语言中的每个词汇都能传达一定的意义，词汇组成句子、句子组成篇章之后表达更加复杂的意义。

语言的社会性与个体性：语言具有社会性，人们使用的语言遵从社会对这种语言制定的语法规则，词语的意义也是约定俗成的，另外一个人表达的内容也常常会受到其他人的影响。语言具有个体性，不同的个体往往具有不同的言语风格，即便是同一个体，在不同的场合，也可能使用截然不同的言语表达方式。

(2)语言的结构：语言表达的基本形式是句子。在句子的下面可分为短语、单词、语素和音位等不同层次。每个层次又都包含一定的语言成分和将这些成分组织起来的语言规则。

乔姆斯基（Noam Chomsky，1957）在转换生成语法理论中指出，句子包含表层结构（surface structure）和深层结构（deep structure）。我们实际看到、听到的，或者我们说出来、写出来的句子的形式就是表层结构，表层结构决定句子的语音。句子抽象的句法表达形式就是深层结构，深层结构决定句子的语义。

（3）语言的种类

1）外部语言：外部语言是指通过声音或者文字直接与别人进行交流的语言。外部语言一般包括口头语言（对话语言和独白语言）和书面语言。

2）内部语言：内部语言是一种自问自答或不出声的语言活动。

（4）语言的表征：语言表征就是语言材料在头脑中的存在方式，研究较多的是词汇表征。词汇在头脑中的表征通常称为心理词典。心理词典中的词语是按什么方式组织起来的？局部表征将声学特征、音节、词汇等看作是网络中的节点，每个单词的表征都对应与某个或某几个节点。分布式表征认为词汇的形、音、义等特征并不是存储在某一个节点上，而是分布在网络的各个单元中，可以与其他单词共用每一种特征。

2. 语言的生物基础

（1）语言的发音器官与机制：语言活动的发音器官由三部分组成：呼吸器官，喉头和声带，口腔、鼻腔和咽腔。呼吸器官包括喉头以下的气管、支气管和肺。声带是人类主要的发音体，它长在喉头里面。口腔、鼻腔和咽腔起到共鸣的作用。

（2）语言的中枢神经机制

1）语言运动中枢：语言运动中枢定位在大脑左半球第三额回后部、靠近大脑外侧裂处的一个区域。由法国医生布洛卡发现，因此也称布洛卡区。它的主要功能包括提供语言活动的语法结构；语言生成；语言表达；包括布洛卡区在内的大脑左半球额叶，特别是前额部皮质，还和语言活动的动机和愿望的形成有关。布洛卡区病变或者损伤会引起运动性失语症，病人发音器官完整无损，功能正常，阅读、理解和书写能力不受影响，但语言生成不流畅。

2）语言听觉中枢：语言听觉中枢位于大脑左半球颞叶和顶叶交界处的颞上回的后上方，接连角回的部位。由德国神经病学家威尔尼克发现，也称威尔尼克区。语言听觉中枢的主要作用是分辨语音，形成语义。威尔尼克区损伤或病变会引起听觉性失语症，病人听觉器官正常，说话时语音与语法正常，谈吐自由，但不能分辨语音和理解语义。

3）语言视觉中枢：语言视觉中枢位于威尔尼克区上方、顶 - 枕交界处——角回。这是大脑后部一个重要的视 - 听联合区。角回实现着语言视觉信息与语言听觉信息的跨通道联合、口头语言与书面语言的相互转化。当角回损伤时，单词的视觉意象与听觉意象失去联系，例如让病人指地板，他却指窗户；对他说梳子，他却拿起一串钥匙。

3. 语言的知觉与理解

（1）词汇的理解与理论模型：词汇理解（word recognition）也称词汇识别或词汇通达，是指人们通过听觉或视觉，接受输入的词形或语音信息（词的辨别），并在人脑中揭示词义（词的含义）的过程。词汇理解受到一些因素的影响，包括词频、情境多样性、单词部位、语音、语境和语义等。视觉词汇加工和听觉词汇加工分别具有各自的认知机制和脑机制。

（2）句子的理解与理论模型：句子理解过程中，需要即时的整合句法、语义、语用、韵律等不同层面的言语信息。

对于句法加工在语言理解中的地位，存在两种理论，分别是模块化加工和基于制约的理论。这两种理论的争论主要在于：句法结构的加工是平行的还是序列的，句法加工是否优先于语义加工。研究者用 EEG 考察了句法加工的时间进程，发现句法加工存在早、中、晚三个不同的阶段，在 ERP 成分上分别表现为 ELAN、LAN 和 P600 效应。

语义加工是一个复杂的加工过程，涉及词汇与语义背景的整合，语义与句法的整合，句子的论旨角色分配过程，信息结构的加工等一系列加工过程。其中词汇与语义背景的整合得到最多关注。在词汇与语义背景的整合研究中，N400 是一个经典的 ERP 成分。

韵律是口头语言的一个典型特征，包括言语韵律和情绪韵律两种类型。言语韵律包含各种言语信息，包括语调、声调、重音、停顿等。情绪韵律传达说话者的情绪状态，例如高音调的言语反映出说话者积极的情绪，而低音调反映出消极的情绪状态。在韵律加工的脑电成分中，比较稳定的是反映边界加工的中止正漂移 CPS。

（3）语篇的理解与理论模型：语篇理解（discourse comprehension）也称话语理解（跨句子的言语理解），是在理解字词、句子等基础上，通过主体已有的经验，运用推理、整合等方式揭示话语意义的过程。语篇理解的影响因素除了词汇和句子之外，还包括语篇连贯性、语篇记忆、语篇情境和语篇图示。

4. 语言的产生 语言产生，指的是人们利用语言表达思想的心理过程，包括从思想转换成语言代码，再转换成生理和运动代码，即利用发音器官发出表达某种意义的声音（彭聃龄，舒华，陈烜之，1997）。语言产生包括口头语言的产生和书面语言的产生。

（1）语言产生的单位：研究口语产生的单位主要是通过语误分析（speech error analysis）来进行的。语误分析表明，口语产生的单位主要有：音段又叫音素、语音区别性特性、音节、重音、语素、词、语法规则、短语等。研究者们最初通过分析书写过程中的时间模式，来研究书写过程中加工单元的大小，存在线性加工和非线性加工两种假设。

（2）语言产生的过程：口语的生成大体上可以说经历了四个阶段：首先是把意念转换成要传递的信息，其次是把信息形成为口语计划，第三是执行口语计划，第四是自我监察。在探讨书写产生过程时，很多研究者关注书写产生过程是否存在语音中介。语音中介假设认为书写过程依赖于先前语音代码的提取，正字法自主假设认为书写过程不需要语音表征作为中介，正字法信息能够直接从词汇的语义表征中得到激活。

（3）语言产生的理论模型：一些学者把口语产生看成是先后发生的一个个不同层面的阶段——串行模型，另外一些学者认为口语处理的各个层面同时发生——并行的模型或连接主义的模型。书写产生的心理运动模型认为，书写产生是不同模块平行加工的结果，这些模块以层级结构的形式组织起来。

（三）本章小结

通过教学使学生掌握语言的结构和表征，重点掌握人们是如何加工和使用语言的，包括在语言理解和语言产生过程中，涉及的认知机制和认知神经机制。

（陈庆荣）

三、习题及参考答案

一、单项选择题

1. 语言中可以独立运用的最小单位是（ ）

A. 语素
B. 音素
C. 句子
D. 词

2. 词汇在头脑中的表征通常称为(　　)
A. 命题
B. 心理词典
C. 命题
D. 表象

3. 语言运动中枢又称为(　　)
A. 布洛卡区
B. 威尔尼克区
C. 颞顶联合区
D. 角回

4. 句子理解的记忆 - 整合 - 控制模型(memory, unification, and control, MUC)是由哪位研究者提出的(　　)
A. Friederici
B. 舒华
C. Kutas
D. Hagoort

5. 语言理解的最高水平是(　　)
A. 句子理解
B. 语篇理解
C. 韵律理解
D. 语义理解

6. 下列哪个模型是描述书写产生模型(　　)
A. Moates 的四阶段模型
B. 心理运动模型
C. Dell 的激活扩散模型
D. 建构 - 整合模型

7. 视觉词形区(visual word form area, VWFA)是指(　　)
A. BA35 区
B. BA36 区
C. BA37 区
D. BA38 区.

8. 在发音中起到共鸣作用的器官是(　　)
A. 口腔
B. 支气管
C. 肺
D. 声带

9. 反映语义加工的典型 ERP 指标是(　　)
A. CPS
B. ELAN
C. N400
D. MMN

10. 我们说"明天会下雨",而不是"下雨明天会",这说明(　　)在语言中扮演着重要的地位。
A. 词语
B. 语用
C. 句法
D. 韵律

二、多项选择题

1. 语言的特征包括(　　)
A. 意义性
B. 结构性
C. 应用性
D. 创造性

2. 下列哪种语言形式属于外部语言(　　)
A. 独白语言
B. 自问自答
C. 书面语言
D. 对话语言

3. 词汇理解的影响因素包括(　　)
A. 单词的部位信息
B. 语音

C. 语义　　D. 单词的使用频率

4. 语篇理解的理论模型包括(　　)

A. 事件标记理论　　B. 邻域激活模型

C. 风景模型　　D. 建构-整合模型

5. 下列哪些特征属于语言韵律范畴(　　)

A. 句法　　B. 声调

C. 重音　　D. 语义

三、名词解释

1. 语言
2. 内部语言
3. 转换生成理论
4. 语言表征
5. 心理词典
6. Whorf假设
7. 建构-整合模型

四、辨析题

阐述语言的表层结构和深层结构之间的区别和联系。

五、简答题

1. 简述句子加工的三阶段认知神经模型。
2. 影响语篇加工的因素有哪些?

参考答案

一、单项选择题

1. D　2. B　3. A　4. D　5. B　6. B　7. C　8. A　9. C　10. C

二、多项选择题

1. ABD　2. ACD　3. ABCD　4. ACD　5. BC

三、名词解释

1. 语言:一方面语言是一种社会现象,是人类从社会成员的言语交流中抽象概括出来的一套符号系统。另一方面,语言又是个体运用这套符号系统进行交流活动的行为。

2. 内部语言:是一种自问自答或不出声的语言活动。内部语言是在外部语言的基础上产生的,语言主体虽不直接与别人交际,却也是人们语言交际活动的组成部分。

3. 转换生成理论:乔姆斯基提出,基本观点包括语言是创造的,语言是生成的,每一个句子都有两个结构层次——深层结构和表层结构。

4. 语言表征:就是语言材料在头脑中的存在方式。语言材料可能以命题的形式存在,也可能以表象的形式存在。

5. 心理词典:词汇在头脑中的表征通常称为心理词典(mental lexicon),心理词典在头脑中可能是以局部表征方式或者分布式表征方式组织起来的。

6. Whorf假设:由Whorf提出,探讨语言和认知之间的关系。Whorf假设由两部分组成,分别是语言决定论和语言相对性。

7. 建构 - 整合模型：由 Kintsch 在 1988 年提出，认为，语篇的表征可以分为三个不同的层级：表层表征、命题性文本基础表征和情境模型。

四、辨析题

阐述语言的表层结构和深层结构之间的区别和联系。

答案要点：乔姆斯基（Noam Chomsky，1957）在转换生成语法理论中指出，句子包含表层结构（surface structure）和深层结构（deep structure）。

我们实际看到、听到的，或者我们说出来、写出来的句子的形式就是表层结构，表层结构决定句子的语音。

句子抽象的句法表达形式就是深层结构，深层结构决定句子的语义。

每个句子的表层结构都会对应一个深层结构，但是一个深层结构可以通过不同的表层结构来表达。

五、简答题

1. 简述句子加工的三阶段认知神经模型。

答案要点：基于电生理和脑成像的研究结果，Friederici（2002）提出了句子理解的三阶段模型。在最初阶段，完成句法加工中的词汇类别分析，表现为 ELAN 成分的出现。第二个阶段平行分析句法关系和语义关系，分别体现为 LAN 成分和 N400 成分。最后一个阶段是对句法、语义信息进行整合，解决两者之间的冲突，以 P600 的出现为标志。

2. 影响语篇加工的因素有哪些？

答案要点：主要包括四个方面：①语篇连贯；②语篇记忆；③语篇情境；④语篇图示。

（陈庆荣）

第十一章　情　绪

一、学习要求

掌握内容：情绪的概念；表情的概念及类型；情绪的认知理论；情绪的动机-分化理论。

熟悉内容：情绪情感的关系、维度和两极性；情绪的功能；情绪情感的表现形式；情绪的早期理论；情绪的调节。

了解内容：情绪的生理机制；微表情。

二、教材精要

（一）内容简介

本章首先介绍了情绪的概念、情绪的维度与两极性、生理机制和功能，并对情绪和情感的关系进行了探讨；其次介绍了情绪情感的3种表现形式：基本情绪、情绪状态和社会情感，并介绍了几种主要表情以及微表情；最后介绍了情绪理论及情绪调节问题。

（二）教材知识点

1. 情绪的概述

（1）概念：是一种由客观事物与人的需要相互作用而产生的包含了主观体验、生理唤醒和外显表情的整合性心理过程。情绪的基本成分包括主观体验、生理唤醒和外显表情。

（2）情绪与情感的关系：在情绪心理学中，情绪指与人的需要（包括生物的和社会的）相联系的、具有特定主观体验、生理唤醒和外显表情的心理活动的整体过程；而情感则是指这一过程中的主观感受或主观体验。情绪具有较大的情景性、激动性和暂时性，往往随着情景的改变和需要的满足而减弱或消失，代表了感情的种系发展的原始方面，所以情绪的概念可用于动物和人。而情感经常用来描述那些具有社会意义的感情。作为一种体验和感受，情感具有较大的稳定性、深刻性和持久性。

（3）维度和两极性：维度是指情绪所固有的某些特征，主要指情绪的动力性、紧张度、激动性和强度等方面。这些特征的变化又具有两极性，即每个特征都存在两种对立的状态。情绪的两极性是情绪的主要特征之一。在情绪的动力性方面有增力和减力两极。在情绪的紧张度方面有紧张-轻松两极。在情绪的激动性方面有激动-平静两极。在情绪的强度方面有强-弱两极。

（4）生理机制：情绪是由大脑中的一个回路所控制，包括杏仁核、下丘脑、扣带回和海马等。它们整合情绪信息的加工，产生情绪行为。同时网状结构和大脑皮层的其他部分在情绪中也起重要的作用。

（5）功能：情绪具有适应、动机、信号和健康功能。

2. 情绪和情感的表现形式

（1）基本情绪：从进化的角度看，快乐、愤怒、恐惧和悲哀等情绪是人与动物所共有的，并且在发生上有着共同的或原型的模式，因此被视为是基本情绪或原始情绪。

（2）情绪状态：是指在特定时间内，情绪活动在强度、紧张度和持续时间上的综合表现。具体包括：①心境是一种使人的整个心理活动都染上某种色彩的、微弱而持久的情绪状态；②激情是一种暴风雨般的强烈的、爆发式的、短暂的情绪状态；③应激是指在出乎意料的紧张或威胁性情境出现时，个体迅速产生的高度紧张的情绪状态。

（3）社会情感：道德感、美感、理智感被认为是高级的社会性情感，包含着人类独有的社会意义。

3. 表情　是情绪活动特有的外显表现，是人际交往的重要工具，也是研究情绪的重要客观指标。按照表达情绪的身体部位来区分，表情可以分为面部表情、体态表情和语调表情 3 种类型。微表情是人类试图压抑或隐藏真实情感时泄露的非常短暂的、不能自主控制的面部表情。

4. 情绪理论

（1）詹姆斯 - 兰格理论：美国心理学家威廉 · 詹姆斯和丹麦生理学家卡尔 · 兰格，分别于 1884 年和 1885 年不约而同地提出了同一种关于情绪的生理机制的观点。他们强调情绪的产生是自主神经系统活动的产物，即情绪刺激引起身体的生理反应，而生理反应进一步导致情绪体验的产生，情绪的实质是对身体变化的觉知。该理论被称为情绪的外周理论。

（2）坎农 - 巴德学说：情绪的中心不在外周神经系统，而在中枢神经系统的丘脑。由外界刺激引起感觉器官的神经冲动，通过内导神经传至丘脑；再由丘脑同时向上向下发出神经冲动，向上传至大脑，产生情绪的主观体验，向下传至交感神经，引起机体的生理变化，使个体进入应激状态。因此，情绪体验和生理变化是同时发生的，它们都受到丘脑的控制。

（3）沙赫特的三因素理论：一个完整的情绪体验需要环境刺激、生理激起以及认知三者的综合，其中，认知因素起主导性作用。三因素中的任何一个因素都不能单独决定情绪的产生。

（4）阿诺德的评定 - 兴奋理论：美国心理学家阿诺德提出来自外界环境的影响要经过人的评价与估量才能产生情绪，而上述评估过程是大脑皮层兴奋的过程。

（5）拉扎勒斯的认知 - 评价理论：在情绪活动中，评价不是一次完成的，而是反复进行的。具体而言，评价包括初评价、次评价及再评价 3 个层次。

（6）情绪动机 - 分化理论：伊扎德从种族进化的观点出发，一方面强调情绪是进化的产物，进而引申出情绪的分化观点；另一方面强调情绪的适应价值和动机功能，明确提出情绪是基本动机系统。在此基础上，伊扎德建构了一个以情绪为核心，包容整个心理结构以及它们之间相互关系的理论体系。该理论强调不同的情绪在反映机能和调节机能上是彼此分化或分立的。

5. 情绪调节

（1）概念：指个体对情绪发生、体验与表达施加影响的过程。

（2）特征：个体特征及文化特征。

（3）类型：①根据情绪调节过程的来源，分为内部调节和外部调节；②根据调节努力的程度，分为减弱调节、维持调节和增强调节；③根据调节的对象，分为原因调节和反应调节；④根据调节性质，分为良好调节和不良调节；⑤根据意识性，分为有意调节和自动调节。

(4)格鲁斯的情绪调节过程模型:格鲁斯认为,在情绪发生过程中每一个阶段都会有情绪调节,即情境选择、情境修正、注意分配、认知改变和反应调整。

(5)策略:主要包括认知重评、表达抑制、自我暗示、注意转移及情绪宣泄5种。

(三)本章小结

本章介绍了情绪和情感,对情绪的不同表现形式和表情进行了重点介绍,并对情绪的早期理论、认知理论以及情绪动机-分化理论进行了详细阐述。近年来,情绪调节逐渐成为心理学研究的热点问题之一,了解情绪调节规律对身心健康有着重要的意义,因此本章最后也对情绪调节的概念、特征、类型、过程以及策略进行了介绍。

(覃玉宇)

三、习题及参考答案

一、单项选择题

1. 情绪与情感是以(　　)为中介的反映形式。

A. 需要　　B. 动机

C. 态度　　D. 认识

2. 人对客观事物是否符合个人需要而产生的态度体验称为(　　)

A. 意志　　B. 气质

C. 性格　　D. 情绪

3. 成人通过婴儿的情绪反应体察他们的需要并进行照料,说明情绪具有(　　)

A. 健康功能　　B. 信号功能

C. 适应功能　　D. 动机功能

4. 左右大脑司职不同种类情绪的现象叫做(　　)

A. 大脑单侧化　　B. 情绪偏侧化

C. 大脑分工　　D. 情绪分工

5. "测谎仪"实际上测量的是(　　)

A. 个体是否说谎　　B. 外部表现

C. 情绪状态　　D. 情绪的生理反应

6. 四种基本的情绪包括(　　)

A. 快乐、愤怒、悲哀、喜悦　　B. 快乐、悲哀、焦虑、恐惧

C. 快乐、悲哀、兴奋、恐惧　　D. 愤怒、恐惧、悲哀、快乐

7. 朱自清散文《荷塘月色》中表现的"淡淡的喜悦和淡淡的哀愁"指的是一种(　　)

A. 应激　　B. 激情

C. 心境　　D. 情绪

8. 个体在意外事件或危急情景出现时表现出高度紧张的情绪状态,被称为(　　)

A. 愤怒　　B. 应激

C. 激情　　D. 心境

9. 对未知事物的好奇,属于情感中的(　　)

A. 道德感　　B. 理智感

C. 优越感　　D. 美感

10. "情绪是对身体变化的知觉"是(　　)的观点

A. 詹姆斯-兰格　　B. 坎农-巴德
C. 阿诺德　　D. 伊扎德

11. 拉扎勒斯认为在情绪活动中，人需要不断地评价刺激事件与自身的关系。他认为评价包括了几个层次(　　)
A. 1　　B. 2
C. 3　　D. 4

12. 提出“情绪是基本动机系统，而且是赋予人类存在以意义和价值的人格过程”的学者是(　　)
A. 兰格　　B. 沙赫特
C. 阿诺德　　D. 伊扎德

13. 坎农-巴德认为情绪的中枢在(　　)
A. 外周神经系统　　B. 大脑皮层
C. 下丘脑　　D. 丘脑

14. 在情绪活动中，人们说话时声音的高低、起伏、节奏等方面的变化，称为(　　)
A. 微表情　　B. 体态表情
C. 语调表情　　D. 面部表情

二、多项选择题

1. 以下属于情绪的基本成分的是(　　)
A. 主观体验　　B. 认知评价
C. 生理唤醒　　D. 外显表情

2. 在生活中，情绪具有哪些功能(　　)
A. 适应功能　　B. 动机功能
C. 信号功能　　D. 健康功能

3. 情绪的维度主要包括(　　)
A. 动力性　　B. 紧张度
C. 激动性　　D. 强度

4. 心理学家沙赫特认为，情绪的产生受到哪个因素的影响(　　)
A. 环境因素　　B. 生理激起
C. 认知因素　　D. 内心体验

5. 下列属于情绪状态的有(　　)
A. 美感　　B. 心境
C. 应激　　D. 激情

6. 常见的情绪调节的策略有(　　)
A. 认知重评　　B. 表达抑制
C. 注意转移　　D. 情绪宣泄

三、名词解释

1. 情绪
2. 心境
3. 激情
4. 应激

5. 微表情

四、简答题

1. 情绪的两极性表现在哪些方面?

2. 情绪具有哪些功能?

3. 简介拉扎勒斯的认知 - 评价理论。

参考答案

一、单项选择题

1. A　2. D　3. C　4. B　5. D　6. D　7. C　8. B　9. B　10. A
11. C　12. D　13. D　14. C

二、多项选择题

1. ACD　2. ABCD　3. ABCD　4. ABC　5. BCD　6. ABCD

三、名词解释

1. 情绪:是一种由客观事物与人的需要相互作用而产生的包含主观体验、生理唤醒和外显表情的整合性心理过程。

2. 心境:是一种使人的整个心理活动都染上某种色彩的、微弱而持久的情绪状态。

3. 激情:是一种暴风雨般的强烈的、爆发式的、短暂的情绪状态。

4. 应激:是指在出乎意料的紧张或威胁性情境出现时,个体迅速产生的高度紧张的情绪状态。

5. 微表情:是人类试图压抑或隐藏真实情感时泄露的非常短暂的、不能自主控制的面部表情。

四、简答题

1. 情绪的两极性表现在哪些方面?

答案要点:情绪的维度是指情绪所固有的某些特征,主要指情绪的动力性、紧张度、激动性和强度等方面。这些特征的变化又具有两极性,即每个特征都存在两种对立的状态。情绪的两极性是情绪的主要特征之一。在情绪的动力性方面有增力和减力两极。在情绪的紧张度方面有紧张 - 轻松两极。在情绪的激动性方面有激动 - 平静两极。在情绪的强度方面有强 - 弱两极。

2. 情绪具有哪些功能?

答案要点:情绪具有以下功能:

(1)适应功能:情绪和情感是有机体生存、发展和适应环境的重要手段,有机体通过情绪和情感所引起的生理反应能够发动其身体的能量,使有机体处于适宜的活动状态,便于有机体适应环境的变化。

(2)动机功能:情绪是动机系统的一个基本成分,能够激发和维持个体的行为,并影响行为的效率。

(3)信号功能:在人际交往中,人们除借助言语进行交流之外,还通过情绪的流露来传递自己的思想和意图。情绪的这种功能是通过表情来实现的。

(4)健康功能:一方面,情绪会直接影响人的身体健康,另一方面,情绪也是探查一个人心理健康的窗口。

3. 简介拉扎勒斯的认知 - 评价理论。

答案要点：拉扎勒斯指出，在情绪活动中，评价不是一次完成的，而是反复进行的。具体来说，评价包括三个层次：

初评价：指刺激事件作用于人时，人对其与自身关系的价值判断或评估，主要涉及刺激事件与自己是否有利害关系，以及有多大的利害关系等。

次评价：指当人要调节自己的行为反应以反作用于刺激事件时，人对其与自身关系的控制判断或评估，主要涉及自己能否控制刺激事件，以及能在多大程度上控制刺激事件。

再评价：指当人对刺激事件作出行为反应之后，人对其与刺激事件相互作用的结果的评价，主要涉及自己情绪和行为反应的有效性、适宜性。

拉扎勒斯强调：人与环境中的某种刺激事件的相互作用是动态的，而不是一次完成的，也不是一成不变的，因此，情绪的发生和变化是与初评价、次评价、再评价融为一体的。

（覃玉宇）

第十二章　意　志

一、学习要求

掌握内容：意志和意志行动的概念；意志行动的特征；意志的品质；增强挫折承受力的方法；意志行动中的动机冲突。

熟悉内容：挫折的概念；意志行动的过程。

了解内容：意志与认知、情绪的关系；挫折产生的原因；挫折反应。

二、教材精要

（一）内容简介

本章首先介绍了意志和意志行动的概念，意志行动的特征；意志与认知、情绪的关系；意志行动的基本过程；重点描述了意志的品质；并介绍了挫折的概念，挫折产生的原因，挫折反应以及增强挫折承受力的方法。

（二）教材知识点

1. 意志的概述

（1）意志与意志行动

1）意志的概念：意志是人自觉地确定行动目的，并以此主动地调节自己的行动，努力克服困难以实现预定目的的心理过程。是指人们自觉确定目标，根据目标有意识地支配、调节行为，克服困难，实现预定目标的心理过程。

2）意志行动的概念：意志行动是人类特有的、由意志支配的行动，它是个体有目的、有计划地主动调节行为、努力克服困难的行动。

3）意志的特征：第一，有明确的预定目的。意志的首要特征是具有自觉的目的性。个体在活动之前，通过思考对行动目的进行充分认识，预想活动结果，其后用行动观念来指导具体行为。在活动中，依据已经确立的目标选择行动方法与步骤，评价活动结果，表现出明确自觉的目的性。第二，以随意运动为基础。随意运动是意志行动的基本单位，意志行动通过随意运动来表现。第三，克服困难是核心。意志行动与克服困难相联系，这是意志活动的核心。并不是所有的目的行动都是意志行动，有些行动虽然有明确目的但却没有明显困难，故不属于意志行动。只有需要克服困难才能完成的行动，才是意志行动。

4）意志对行动的调节作用：意志对行动的调节作用主要表现在两个相互联系的方面：一是促进，即依据预期目标和主客观条件积极行动，选择有效的步骤与措施，并调节自己的行动以实现目标；二是抑制，即抑制阻碍目标实现的认知与情绪障碍、行为冲动和环境诱惑，以保证预期目标的顺利实现。在人的实践活动中，意志对行动的促进和抑制作用是互相联系和统一的。

(2)意志与认知、情绪的关系

1)意志与认知的关系:意志是在认知活动的基础上产生的,同时又影响着认知活动的进行,二者之间有着密切的相互依赖关系。一方面,意志的产生以一定的认知活动为前提,并随着认知活动的深化而不断发展。另一方面,认知活动的顺利进行依赖意志的支持。

2)意志与情绪的关系:意志与情绪有着密切的相互作用关系。一方面,情绪伴随着意志行动,并给予意志行动以动力影响。另一方面,意志可以调节、控制情绪。人的某些情绪活动的产生和表现,不是在所有的场合和时机下都是适宜的,有时甚至会干扰或阻断既定的工作和学习。

2. 意志行动过程 意志行动过程包括两个阶段:采取决定阶段和执行决定阶段

(1)采取决定阶段:采取决定阶段是意志行动的初始阶段。这个阶段虽然不易被觉察,但对具体行动的发动和目标的实现有着非常重要的作用。

在采取决定阶段,包括以下四个环节。①动机冲突:个体在意志行动中常常会出现两种以上的目标或愿望,它们可能是相对立的或矛盾的,这样就会引起意志行动中的动机冲突。动机冲突的主要功能有以下几种表现:双趋冲突、双避冲突、趋避冲突、多重趋避冲突。②确定目标:确定行动目标在意志行动中非常重要,目的越深刻、越清晰,激发行为的力量就越大。在行动前往往可能会有多个相互抵触的目标,个体需要依据目标的远近、主次不同作出权衡选择。③选择行动方式:选择的方法和策略需要考虑到其合理性和合法性,既要具备实际条件,也要符合社会准则及要求。④制订行动计划:决策是意志行动中的重要成分。要在调查研究的基础上,综合考虑各种因素,从中选出最切实可行的方案。

(2)执行决定阶段:在一系列决策完成之后,下一步就是执行所做出的行动方案。即使动机再高尚,目标再明确,方法再完善,如果不实际行动,一切都毫无意义。因此,执行决定阶段是关键阶段,决定着意志行动是否有效。执行决定过程中需要不断克服困难,需要积极的意志努力。

3. 意志的品质

(1)自觉性:意志的自觉性是指个体在行动中对行动目的及其社会意义具有明确而深刻的认识,能使自己的行动服从社会要求,并能支配行动以达到既定目的的意志品质。与自觉性相反的意志品质是受暗示性和独断性。

(2)坚持性:意志的坚持性也叫顽强性,是指一个人能长时间保持充沛的精力和毅力,战胜各种困难,向既定目标前进的品质。与坚持性相反的品质是执拗和动摇。

(3)果断性:意志的果断性是指人在行动决定过程中善于辨明是非、抓住时机,迅速合理地进行决断采取决定,并不断调整决策以适应变化的环境的意志品质。与果断性相反的消极意志品质是寡断性和草率。

(4)自制力:自制力是指在意志行动中能够克制自己的情绪,有意识地调节和支配自己的思想、言语和行动的品质。与自制力相反的消极意志品质是冲动性。

4. 意志行动中的挫折

(1)挫折及其产生的原因

1)挫折的概念:挫折是指个体在有目的的活动中,遇到不能克服的阻碍时所产生的一种紧张、消极的情绪反应。

2)挫折产生的原因:挫折产生的原因很多,主要分为两大方面:客观原因和主观原因。

客观原因：主要有自然环境因素和社会环境因素。

主观原因：主要是指个体生理因素和心理因素。

3）挫折反应：个体在遇到挫折后，或弱或强、或少或多都会作出一定的反应。个体对挫折的反应具体表现为以下三个方面，即情绪性反应、理智性反应和个性的变化。

情绪性反应：指人在遇到挫折时伴随出现的焦虑、烦闷、紧张等情绪反应，它表现为特定的行为反应或强烈的内心体验。

理智性反应：实际上体现的是意志行动，指当个体遇到挫折后，能采取积极态度，克服种种困难，审时度势，排除干扰，毫不动摇地坚定地朝预定目标奋斗努力。

个性的变化：重大的挫折或持续的挫折不仅会使个体产生持续性的挫折反应和紧张情绪，而且某些行为反应还会逐渐固定下来，形成个体某些突出的个性特点和相应的习惯，甚至还会影响个性的形成与发展。

（2）增强挫折承受力的途径：①正确对待挫折；②改善挫折情境；③总结经验教训，使用正确归因模式；④调节抱负水平；⑤建立良好的社会支持系统。

（三）本章小结

通过本章的学习，使学生掌握意志的概念、阶段及品质；理解意志行为的两个阶段，掌握意志行动中的各种冲突；把握意志行动中的挫折认知与挫折反应，并能够结合实际情况灵活应用合理的挫折应对方式，提高自己的挫折承受力。

（龚 茜）

三、习题及参考答案

一、单项选择题

1. 意志行动的基础是（ ）
   A. 本能行为　　B. 不随意运动
   C. 随意运动　　D. 技能技巧
2. 意志行动心理过程可分为两个阶段，即采取决定和（ ）
   A. 确定目的　　B. 动机冲突
   C. 制订计划　　D. 执行决定
3. 机敏、迅速、合理地处理问题的品质是（ ）
   A. 自觉性　　B. 自制性
   C. 果断性　　D. 坚韧性
4. “鱼和熊掌不可兼得”属于下列哪种目标冲突（ ）
   A. 双趋式冲突　　B. 双避式冲突
   C. 趋避式冲突　　D. 多重趋避式冲突
5. 某毕业生选择职业时，多个单位可供选择，举棋不定，属于（ ）
   A. 双趋式冲突　　B. 双避式冲突
   C. 趋避式冲突　　D. 多重趋避式冲突
6. “前怕狼，后怕虎”是下列哪种意志品质弱的表现（ ）
   A. 自觉性　　B. 果断性
   C. 自制性　　D. 坚韧性
7. 俗话说“想吃粥，又怕烫”是指下列哪种冲突（ ）

A. 双趋冲突　　B. 双避冲突
C. 趋避冲突　　D. 多重趋避冲突

8. 与左顾右盼，见异思迁相反的意志品质是(　　)
A. 自觉性　　B. 果断性
C. 坚持性　　D. 自制性

9. 情绪可以成为意志活动的(　　)
A. 动力　　B. 阻力
C. 动力或阻力　　D. 阻碍因素

10. 意志行动过程中，动机冲突往往产生于哪个阶段(　　)
A. 开始　　B. 中间
C. 结束　　D. 整个

11. 意志的强弱主要以(　　)来衡量
A. 对活动目的的明确程度　　B. 对活动坚持时间的长短
C. 所克服困难的大小　　D. 对困难认识的程度

12. 当人们遇到挫折时，往往有助于激发人活动积极性的归因是(　　)
A. 能力　　B. 努力程度
C. 任务难度　　D. 运气

13. 意志对心理活动和行动的调节作用表现在发动和(　　)
A. 促进　　B. 抑制
C. 倒退　　D. 保持

14. 在面对问题时经常举棋不定，是哪种意志品质弱的表现(　　)
A. 独立性　　B. 果断性
C. 坚持性　　D. 自制力

二、多项选择题

1. 挫折包含的要素有(　　)
A. 挫折情境　　B. 挫折认知
C. 挫折反应　　D. 挫折记忆

2. 意志行动的特征有(　　)
A. 目的性　　B. 克服困难是核心
C. 以随意运动为基础　　D. 自觉性

3. 意志的品质有(　　)
A. 自觉性　　B. 坚韧性
C. 果断性　　D. 自制性

4. 个体对挫折的反应具体表现在哪些方面(　　)
A. 理智性反应　　B. 情绪性反应
C. 个性的变化　　D. 智商的变化

5. 意志行动过程中的采取决定阶段，包括(　　)
A. 动机斗争　　B. 确定目的
C. 制订计划　　D. 克服困难

三、名词解释

1. 意志
2. 挫折
3. 自制性
4. 自觉性
5. 趋避冲突

四、简答题

1. 简述意志行动过程。
2. 意志行动有哪些特点?
3. 请举例说明意志的四项品质。
4. 请解释挫折三要素及其相互关系。
5. 谈谈如何增强挫折承受力?

参考答案

一、单项选择题

1. C　2. D　3. C　4. A　5. D　6. B　7. C　8. C　9. C　10. A
11. C　12. B　13. B　14. B

二、多项选择题

1. ABC　2. ABC　3. ABCD　4. ABC　5. ABC

三、名词解释

1. 意志:指人自觉地确定目的,并根据目的调节和支配自己行动,克服困难以实现预定目的的心理过程。

2. 挫折:指一种情绪状态,是人在实现预定目标的活动过程中遭遇到无法逾越的阻碍时,所产生的一种紧张、消极的情绪反应。

3. 自制性:指一个人善于根据预期目的或既定要素,控制自己的心理活动和行为的意志品质。

4. 自觉性:指一个人清楚地意识到自己行动的目的和意义,并据此主动调节,支配自己的行动的意志品质。

5. 趋避冲突:指个体对同一目标产生相反的两种倾向,既需要趋向该目标又需要回避该目标引发的动机冲突。

四、简答题

1. 简述意志行动过程。

答案要点:(1)采取决定阶段:动机争斗和目的确立;选择方法和制订计划。

(2)执行决定阶段

2. 意志行动有哪些特点?

答案要点:目的性;以随意运动为基础;克服困难是核心

3. 请举例说明意志的四项品质。

答案要点:(1)自觉性:指个体在行动中对行动目的及其社会意义具有明确而深刻的认识,能使自己的行动服从社会要求,并能支配行动以达到既定目的的意志品质。

(2)坚持性:是指一个人能长时间保持充沛的精力和毅力,战胜各种困难,向既定目标前进的品质。

（3）果断性：指人在行动决定过程中善于辨明是非、抓住时机，迅速合理地进行决断采取决定，并不断调整决策以适应变化的环境的意志品质。

（4）自制力：指在意志行动中能够克制自己的情绪，有意识地调节和支配自己的思想、言语和行动的品质。

4. 请解释挫折三要素及其相互关系。

答案要点：挫折包含了三个要素：一是挫折情境，二是挫折认知，三是挫折反应。在这三要素中，引发挫折的相关因素是挫折情境和挫折认知，其中核心因素是挫折认知，而挫折的外在表现是挫折反应，它的性质及程度，由挫折认知所决定。挫折三要素之间有着相互影响、相互制约的关系。首先，挫折反应的程度由挫折情境决定，挫折情境愈严重，挫折反应就愈强烈；反之，挫折反应就愈轻。其次，由挫折认知来判断挫折情境的程度是否严重。

5. 谈谈如何增强挫折承受力？

答案要点：正确对待挫折；改善挫折情境；总结经验教训，正确认识自我；调节抱负水平；建立良好的社会支持系统。

（龚 茜）

第十三章　个性及其倾向性

一、学习要求

掌握内容：个性的概念；个性的基本特征；个性的结构；弗洛伊德的个性理论；艾里克森的个性发展阶段理论；个性特质理论；需要的概念；动机的概念、兴趣与动机的关系。

熟悉内容：个性的人本主义理论；个性的学习理论；内因、外因、诱因的含义和与动机的关系；动机的理论；兴趣和价值观的概念；兴趣和价值观的种类。

了解内容：需要的分类；动机的功能；动机的种类；兴趣的品质。

二、教材精要

(一)内容简介

本章介绍了个性、需要、动机、兴趣和价值观的基本概念与主要内容，其中重点介绍了弗洛伊德的个性理论、艾里克森的个性发展阶段理论和特质理论、马斯洛需要层次理论、罗杰斯的无条件积极关注理论、斯金纳的操作性条件反射理论、班杜拉的社会学习理论和动机理论。最后还介绍了价值观和兴趣。

(二)教材知识点

1. 概述

(1)概念：个性是指人的稳定而独特的整体心理面貌，反映了人与人之间稳定的差异的特征。

(2)结构：①个性心理特征：是指人在心理过程中经常表现出来的稳定的心理特点，具体包括能力、气质和性格。②个性倾向性：是指反映人对事物的稳定的心理倾向和行为趋向的个性成分，包括需要、动机、兴趣、价值观等。

(3) 基本特征：①整体性：个性是一个由各种稳定的心理倾向、心理特征构成的有机整体，即构成个性的各个组成部分是相互联系、相互制约的，任何一个组成部分的意义只有在个性这个整体中才确定。②稳定性：构成个性的心理倾向和心理特征是在人的心理活动中经常出现的、比较稳定的，亦即只有当一个人的某些心理倾向和心理特征经常出现并且比较稳定时，我们才能将其确定为他的个性特征。③独特性：每个人个性的组成部分不尽相同，而且其结构方式也不尽相同。④社会性：人的个性的形成和发展，虽然离不开由遗传素质构成的生物基础，但是社会生活和社会实践起着决定作用。

2. 个性的理论

(1)个性的精神分析理论：①弗洛伊德的个性理论：弗洛伊德先后提出过两种不同的个性结构理论。在早期，他提出以潜意识为核心的个性结构说，把个性划分为意识、前意识和潜意识，并以冰山中露出水面的山尖为例比喻意识和潜意识，而将人类内心大量的真实想法视为人们无法接触到的潜意识存在，并以水面下的巨大冰山来比喻潜意识。在后期，弗洛伊德将个性划分为本我、自我和超我3部分。其中，本我是由无意识中的本能、冲动与欲望所构成，受到快乐原则所支配。而自我则是介于本我与外部世界之间，作用是一方面能使个体意识到其认识能力；另一方面使个体为了适应现实而对本我加以约束和压抑，遵循的是现实原则。超我是人格的社会层面，作用是指导自我、限制本我，超我由道德原则所支配。本我、自我和超我之间是相互关联，并且始终处于冲突和协调的矛盾的运动之中。当三者不平衡时则易产生心理异常。②艾里克森的个性发展理论：艾里克森把个体的心理发展划分为8个阶段，指出每一阶段的特殊社会心理任务，并认为每一阶段都有一个特殊矛盾，矛盾的顺利解决是个性健康发展的前提。该理论被称为个性的社会心理发展理论。

（2）个性特质理论：①奥尔波特的特质理论：奥尔波特最先提出了个性特质理论，并将特质视为个性的根源。他将个性特质分为两类：共同特质和个人特质。共同特质是在某一种社会文化下，一个群体所具有的相同的、共性的特质。个人特质是个体所独有的特质。在此基础上，他还将个人特质细化为3类：首要特质、核心特质和次要特质。首要特质是一个人最显著，最有概括性的特质，包含了个体最有代表性的特点并能影响到个体行为的诸多方面；核心特质则代表一个人的主要特征；次要特质对于理解个体特性的帮助要小得多，通常是一些并不重要的特质。②卡特尔的特质论：卡特尔在奥尔波特理论基础上，将个人特质区分为表面特质和根源特质。表面特质是可直接从外部行为中观察到的特质；根源特质是隐藏在表面特质深处并制约其外部行为的特质，是个体行为的最终原因因而具有稳定性，而表面特质是根源特质的外在表现，因而其数量更多。卡特尔认为个体的根源特质只有量的差别而无质的差异，因此可以对个性进行量化分析。他运用因素分析法得到了16种根源特质，并编制了《卡特尔16项个性因素调查表》。③艾森克的三因素模型：艾森克运用因素分析法研究个性的维度，并将所有特质归结为3个维度：内外向性、神经质和精神质。内外向性代表了个体是由内源或外源导向行为的；神经质代表个体情绪的稳定程度；精神质指心理病态的倾向性而非精神病。艾森克认为，个性维度代表着一个连续体，每个人都具有上述3种维度上的特征，只是表现程度因人而异。④五因素模型：塔佩斯等用词汇学的方法对卡特尔的特质变量进行了再分析，发现约有5种因素可以涵盖个性描述的所有方面，并在不同文化情境中均发现其存在。这五个维度分别是：外倾性、神经质或情绪稳定性、开放性、宜人性和尽责性。在五个维度中，每个维度都是两极的，分别代表对不同分数特质的描述。

（3）个性的人本主义理论：主张人性本善，强调个体具有朝向更高水平发展的愿望和追求自我实现的动机。代表人物：罗杰斯、马斯洛和霍妮。①马斯洛人本主义理论的核心是需要层次理论。马斯洛认为，人类的基本需要可以分为七种，分别为生理需要、安全需要、归属和爱的需要、自尊需要、认知需要、审美需要和自我实现需要。②罗杰斯的无条件积极关注理论：指的是以一个观察者的身份看待他人，接受和尊重对方的言行。罗杰斯认为，对成长中的个体，应尽量提供无条件的积极关注，使其在自然的情境中形成自我和谐的观念，从而奠定自我实现的个性基础。

（4）个性的社会学习理论：认为大多数行为都可以被环境事件所预测，个性是通过重复观察和模仿他人的行为过程逐步建立起来，个体受到不同的强化，导致出现个性的差异。代表人物：斯金纳和班杜拉。①斯金纳的行为学习理论：斯金纳行为学习理论的核心是操作性条件反射理论。斯金纳把行为分成两类：一类是应答性行为，另一类是操作性行为。并且，条件反射也分为两类，分别为应答性反射和操作性反射。应答性反射是强化与刺激直接关联，操作性反射是强化与反应直接关联，个体行为主要是由操作性反射构成的操作性行为，操作性行为是作用于环境而产生结果的行为。②班杜拉的社会学习理论：个体可以通过观察学习别人的行为以及行为的结果来获得学习，人们可以预知在特定情境下某种行为可能带来什么结果，而不需要实际地做出这些行为。社会学习理论强调，认知参与到获得和保持某种行为的过程中，个性就在通过观察学习和模仿他人的行为过程中逐步建立起来。

3. 需要

（1）概念：需要是有机体内部的一种不平衡状态，是个体和社会的客观需求在人脑中的反映。

（2）需要的分类：①根据起源，可以将需要分为生理需要与社会需要。生理需要是指维持生命和种族延续所必需的事物在人脑中的反映。社会需要是指与社会生活相联系的一些需要。②根据需要对象的性质，可以把需要分为物质需要和精神需要。物质需要是指人对物质产品的需要。精神需要是指人对社会精神生活及其产品的需要。

（3）马斯洛需要层次理论认为，人类的基本需要从低到高可以分为：①生理需要；②安全需要；③归属和爱的需要；④自尊需要；⑤认知需要；⑥审美需要；⑦自我实现需要。七种需要虽然层次有所不同，但这只是一般的模式，并不是固定不变的顺序。

4. 动机

（1）概念：是推动人去从事某种活动或行动的原因。

（2）动机与内外因、诱因的关系：动机的产生是内因和外因相互作用的结果。从内因来看，人的任何行为的动机都是在需要基础上产生的，都是为了直接或间接地满足某种需要；从外因来看，只有当需要和能够满足需要的事物同时存在时，人才会产生动机。并且，正诱因能使个体产生趋向或接受行为；反之，负诱因能使人产生逃离或躲避行为。

（3）动机对行为的调控功能：①引发功能，即引发或发动某种活动；②指引功能，即使活动指向特定的目标；③激励功能，即对活动起维持和加强的作用。

（4）种类：①根据起源，可分为生理动机和社会动机；②根据社会意义，可分为正确的、高尚的动机与错误的、低下的动机；③根据作用，可分为主导动机和辅助动机；④根据持续时间，可分为长远动机和短暂动机；⑤根据学习在动机形成和发展中所起的作用，可分为原始动机和习得动机；⑥根据意识水平，可分为有意识的动机和无意识的动机。

（5）动机强度对工作效率的影响：叶克斯 - 道森定律表明，各种活动都存在着一个最佳动机水平，而非动机越强越好。动机不足或过于强烈均会导致工作效率的下降。最佳动机水平会因任务性质的不同而异。当面对较为容易的任务时，工作效率随动机水平的提高而上升；随着任务难度的增加，最佳动机水平有逐渐降低的趋势。

（6）动机的理论：①本能理论：美国心理学家詹姆斯认为，人的行为比动物更多地依赖于本能。另外，人除了与动物一样具有生物本能外，还具有许多社会本能，如同情、谦虚、诚实、爱和社交等。弗洛伊德提出，人类行为源于生本能（包括性欲）和死本能（包括敌对行为），如果本能的需要没有得到满足，就会产生紧张感，这种紧张驱使人朝向消除紧张的活动和事物。②驱力理论：美国心理学家赫尔提出最重要的行为是由内驱力而激发的。它能激发个体做出反应，采取消除紧张的行为，从而维持机体的动态平衡。驱力（D）、习惯强度

(H)、共同决定了个体的有效行为的潜能(P),三者之间的相互关系为:P=D×H。③逆转理论:美国心理学家阿普特尔提出的逆转理论认为,人的行为总是存在两个状态相对立的动机,其中只有一个动机被激活。在实施行为的过程中,会从一种动机转向反向的一种动机。该理论假定有4对元动机状态,每对状态派生出不同的动机模式,每对动机都是向着相反的方向对应排列的,逆转理论力求解释人类是如何从对立的一端转向另一端的。

5. 兴趣与价值观

(1)兴趣的概念:兴趣是人力求认识某种事物或从事某项活动的心理倾向。

(2)兴趣的品质:①兴趣的广泛性:是指人兴趣的范围。②兴趣的中心性:是否有中心兴趣或主导兴趣。③兴趣的持久性:又叫兴趣的稳定性,指个体兴趣持续时间或稳定程度。④兴趣的效能性:又称为兴趣的有效性,指兴趣能积极地推动人的行为,提高行为的效能。

(3)价值观的概念:是人用来区分好坏标准并指导行为的心理倾向系统。

(三)本章小结

本章介绍了个性及其倾向性的几个方面,包括需要、动机、兴趣、价值观等,着重介绍了个性的基本概念及个性的理论等内容,并结合具体实例进行分析。

(吕璐莎)

三、习题及参考答案

一、单项选择题

1. “世界上没有两片相同的树叶”描述的是个性的(　　)
   A. 独特性　　B. 整体性
   C. 稳定性　　D. 社会性
2. 按照艾里克森个性发展阶段理论观点,成年期发展的关键任务是(　　)
   A. 勤奋对自卑　　B. 再生力对停滞
   C. 同一性对角色混乱　　D. 亲密对疏离
3. 奥尔波特的特质论中,个人特质包括哪几个特质(　　)
   A. 表面特质、核心特质、根源特质　　B. 首要特质、根源特质、次要特质
   C. 首要特质、核心特质、次要特质　　D. 重要特质、根源特质、次要特质
4. 艾森克特质论中,三个个性维度分别是(　　)
   A. 外倾性、宜人性、精神质　　B. 内外向性、神经质、精神质
   C. 外倾性、神经质、精神质　　D. 内外向性、神经质、宜人性
5. 下列不属于人本主义心理学家的是(　　)
   A. 卡尔·罗杰斯　　B. 亚伯拉罕·马斯洛
   C. 阿尔伯特·班杜拉　　D. 凯伦·霍妮
6. 马斯洛需要层次理论的几个需要层次,从低到高排列正确的是(　　)
   A. 生理需要、归属和爱的需要、安全需要、自我实现需要、尊重需要
   B. 生理需要、安全需要、归属和爱的需要、自我实现需要、尊重需要
   C. 生理需要、安全需要、归属和爱的需要、尊重需要、自我实现需要
   D. 生理需要、归属和爱的需要、安全需要、尊重需要、自我实现需要
7. 根据起源,可以将需要分为(　　)
   A. 生理性需要和社会性需要　　B. 物质需要和精神需要

C. 低级需要和高级需要　　D. 简单需要和复杂需要

8. 以下对动机的描述，正确的是(　　)

A. 动机都是无意识的

B. 动机是推动人去从事某种活动或行动的原因

C. 只要有需要就有动机

D. 动机都是内在的

9. 根据作用，可以把动机分为(　　)

A. 主导动机和辅助动机　　B. 生理动机和社会动机

C. 有意识动机和无意识动机　　D. 原始动机和习得动机

10. 以下对动机的描述，**错误**的是(　　)

A. 不同的动机可以通过相同的活动表现出来

B. 不同的活动也可能是由相同或相似的动机所支配

C. 一种活动可以由多种动机所支配

D. 不同的动机不可以通过相同的活动表现出来

11. 赫尔认为，驱力(D)、习惯强度(H)和有效行为的潜能(P)存在相互关系，以下关系正确的是(　　)

A. D=P×H　　B. D=P+H

C. P=D×H　　D. P=D+H

12. 本能论的支持者弗洛伊德提出，人类行为源于哪种本能(　　)

A. 好本能和坏本能　　B. 正本能和负本能

C. 意识本能和潜意识本能　　D. 生本能和死本能

13. 以下对价值观的描述，**不正确**的是(　　)

A. 价值观是人用来区分好坏标准并指导行为的心理倾向系统

B. 价值观与价值没有联系

C. 价值观与价值有着密切的联系

D. 当代大学生的价值取向，由一元趋向多元

二、多项选择题

1. 以下关于个性的描述，**不正确**的是(　　)

A. 个性是指人的独特的心理面貌，因外部刺激而随时改变

B. 个性由人在认知、情绪和意志活动中那些稳定的心理倾向、心理特征及其独特组合所构成

C. 个性与性格的内涵是相同的

D. 个性与气质的内涵是相同的

2. 以下属于个性倾向性的是(　　)

A. 兴趣　　B. 需要

C. 动机　　D. 价值

3. 动机的功能是(　　)

A. 引发功能　　B. 指引功能

C. 引发功能、刺激功能和指引功能　　D. 激励功能

4. 兴趣的品质包括哪几种(　　)

A. 兴趣的广泛性　　B. 兴趣的中心性
C. 兴趣的持久性　　D. 兴趣的效能性

三、名词解释

1. 个性
2. 个性倾向性
3. 个性心理特征
4. 需要
5. 生理需要
6. 社会需要
7. 物质需要
8. 精神需要
9. 动机
10. 诱因

四、简答题

1. 个性的基本特征有哪些?
2. 请简述马斯洛的需要层次理论。
3. 动机的功能有哪些?
4. 兴趣的品质有哪些?

参考答案

一、单项选择题

1. A　2. B　3. C　4. B　5. C　6. C　7. A　8. B　9. A　10. D
11. C　12. D　13. B

二、多项选择题

1. ACD　2. ABC　3. ABD　4. ABCD

三、名词解释

1. 个性:指人的稳定而独特的整体心理面貌。

2. 个性倾向性:是反映人对事物的稳定的心理倾向和行为趋向的个性成分,包括需要、动机、兴趣、价值观等。

3. 个性心理特征:是人在心理过程中经常表现出来的稳定的心理特点,具体包括能力、气质和性格。

4. 需要:是生存与发展所必需的事物在人脑中的反映。

5. 生理需要:是指维持生命和种族延续所必需的事物在人脑中的反映。

6. 社会需要:是指与社会生活相联系的一些需要。

7. 物质需要:是指人对物质产品的需要,如对衣、食、住、行等的需要。

8. 精神需要:是指人对社会精神生活及其产品的需要,如对知识的需要,对文化艺术、道德、审美的需要等等。

9. 动机:动机是推动人去从事某种活动或行动的原因。

10. 诱因:那些能够满足需要的事物,因为常常能诱发动机,又被称为诱因。

四、简答题

1. 个性的基本特征有哪些？

答案要点：个性的基本特征包括：①整体性；②稳定性；③独特性；④社会性。

2. 请简述马斯洛的需要层次理论。

答案要点：马斯洛需要层次理论包括五个层次。第一层次，生理需要。马斯洛认为，生理需要是人的需要中最基本、最强烈、最明显的一种。第二层次，安全需要。它包括对组织、秩序、安全感和可预见性等的需要。第三层次，归属和爱的需要。处于这一需要层次中的人，会强烈地感受到友爱的可贵，希望能有美满的家庭和孩子，渴望在一定的社会集体中建立深情的同事关系。第四层次，尊重的需要。这类需要包括两个方面：一是要求得到别人的重视和尊敬，另一是要求自尊。第五层次，自我实现的需要。对于以上的几种基本需要，虽然层次有所不同，但这只是一种一般的模式，并不是固定不变的顺序。

3. 动机的功能有哪些？

答案要点：①引发功能，即引发或发动某种活动；②指引功能，即使活动指向特定的目标；③激励功能，即对活动起维持和加强的作用。

4. 兴趣的品质有哪些？

答案要点：①兴趣的广泛性，是指人兴趣的范围；②兴趣的中心性，指是否有中心兴趣或主导兴趣；③兴趣的持久性，又叫兴趣的稳定性，指个体兴趣持续时间或稳定程度；④兴趣的效能性，指兴趣能积极地推动人的行为，提高行为的效能。

（吕璐莎）

第十四章　能　力

一、学习要求

掌握内容：能力的概念；智力的概念；能力的因素理论，能力的结构理论，能力的信息加工理论；能力的发展水平差异，能力的类型差异，能力的表现早晚差异，能力差异形成的影响因素；智商的概念，标准化的智力测验。

熟悉内容：能力与知识技能的关系；一般能力和特殊能力；能力的性别差异；智力测验的局限与贡献。

了解内容：现实能力和潜在能力，模仿能力和创造能力；认知能力、操作能力和社交能力；智力测验的由来和发展。

二、教材精要

（一）内容简介

本章介绍了能力的概念、智力的概念，能力与知识技能的关系，能力的分类，能力的理论，能力的差异，智力测验；其中重点介绍了能力的二因素理论，智力的发展水平差异，标准化的智力测验量表；还对其他智力理论和智力测验的局限与贡献做了简单介绍。

（二）教材知识点

1. 能力的概念　能力（ability）是顺利地完成某种活动并影响活动效率所必需具备的个性心理特征。

2. 智力的概念　智力（intelligence）又称智能，指人们在获得知识以及运用知识解决问题时所必须具备的心理条件或特征，其核心是理解、判断或抽象思维能力。智力就是一般能力。

3. 能力与知识技能的关系

能力与知识、技能的区别主要表现在四个方面。其一，所属的概念范畴不同。其二，形成与发展速度不同。其三，迁移范围不同。其四，现实表现不同。

能力与知识、技能的联系主要体现在两个方面。一方面，能力在掌握知识和技能的活动过程中形成和发展。另一方面，能力的发展水平直接制约掌握知识、技能的速度和程度，并制约知识、技能的运用。

4. 能力的分类

（1）一般能力和特殊能力：一般能力，又称为共同能力，是指大多数活动都需要的能力，是为人所共同具备的基本能力。特殊能力，又称为专门能力，是指为某项专业活动所必需的能力。

（2）现实能力和潜在能力：一个人的能力既可以在已经完成的活动或正在完成的活动中体现出来，也可能在将来所从事的活动中体现出来。前者被称为现实能力，即已经发展并表现出来的能力；而后者则被称为潜在能力，即可能发展但尚未表现出来的能力。

（3）模仿能力和创造能力：模仿能力指仿效他人的言行举止而引起的与之相类似的行为活动的能力。创造能力指产生新思想新发现和创造新事物的能力，是成功完成某种创造性活动所必需的条件。

（4）认知能力、操作能力和社交能力：认知能力是人脑加工、储存与提取信息的能力，即我们一般所讲的智力，如观察力、记忆力、形象力等。操作能力指操纵肢体完成活动的能力，如劳动能力、艺术表演能力、体育运动能力、实验操作能力等。社交能力是反映在社会交往活动中的能力，如组织管理能力、言语感染能力、沟通能力、调解纠纷、处理意外事故的能力等。

5. 能力理论

（1）智力因素说

1）二因素理论：英国心理学家斯皮尔曼在因素分析的基础上提出了智力的二因素理论。他认为，人的能力由一般因素（G 因素）和特殊因素（S 因素）构成，人完成任何一种作业都是由这两种因素决定的。

2）群因素理论：美国心理学家塞斯顿认为，智力是由七种彼此相对独立的原始能力或因素所组成，包括：语义理解（V）；语句流畅（W）；数字运算（N）；空间关系（S）；机械记忆（M）；知觉速度（P）；一般推理（R）。他认为，这七种基本能力的不同搭配，便构成每一个独特的智力结构（能力群）。

（2）智力结构理论

1）三维结构理论：1967 年，美国心理学家吉尔福特提出智力的三维结构模型。他坚持能力因素的独立性，认为能力的结构应从操作、内容、产物三个维度去考虑。

2）层次理论：1960 年，英国心理学家弗农（Vernon，PE. ）提出了智力的层次结构理论。他把斯皮尔曼的智力的一般因素（G）作为最高层次；第二层分为两大因素群，包括言语和教育方面的因素及操作和机械方面的因素；在大因素群下再划分为几个小因素群，言语和教育大因素群下有言语因素、数量因素、创造力等，操作和机械大因素群下则包括机械领悟、心理运动及空间关系等能力。最低的第四层中各因素就是各种特殊能力，即斯皮尔曼的特殊因素。

3）型态理论：1966 年，美国心理学家卡特尔与霍恩对瑟斯顿的七个因素进行了第二因素分析，结果发现不是有一个而是有两个主要因素，即液态智力和晶态智力。

4）多元智力理论：1983 年，美国心理学家加德纳提出了多元智力理论。认为人的智力就是适应社会生活的各种能力。具体来说，智力结构包括七种相对独立的智力，每种智力都有其独特的解决问题的方法，都有其自身的符号系统。加德纳所提出的七种智力是语言智力、逻辑 - 数学智力、视觉 - 空间智力、音乐智力、身体 - 动觉智力、人际智力、自知智力（自我内省智力）。

（3）智力的信息加工理论

1）三元智力理论：美国心理学家斯腾伯格从信息加工心理学的角度出发，提出了三元智力理论。他认为一个完备的智力理论必须说明智力的三个方面，即智力的内在成分、这些智力成分与经验的关系、智力成分的外部作用。换句话说，斯腾伯格认为，智力包含三个方面，即成分智力、经验智力和情境智力。与之相应，三元智力理论包括三个亚理论：智力的成分亚理论、智力的经验亚理论和智力的情境亚理论。

2）智力的PASS模型：戴斯等人把信息加工理论和认知研究新方法与因素分析法相结合，并以前苏联心理学家鲁利亚的大脑三级功能学说为理论基础，通过大量的实验研究，探讨了智力活动中的信息加工过程，提出了三级认知功能系统的智力模型。PASS是指“计划-注意-同时性加工-继时性加工”（planning-arousal-simultaneous-successive，PASS）。它包含了三层认知系统和四种认知过程。

6. 能力的差异

（1）能力的发展水平差异：智力发展水平的差异可以用智力测验所得到的智商分数表示出来。智商超过130分的，称为智力超常，智商低于70分者称为低常，普通人的智商在100左右，称为中常。

（2）能力的类型差异：人的能力类型差异主要表现在知觉、记忆、言语和思维等能力类型方面。

（3）能力的表现早晚差异：有的人在童年期就表现出某些方面的非凡能力，被称为“神童”；有的人则是年少时表现平平，到了中年、甚至老年才脱颖而出，取得了卓越的成就，即所谓“大器晚成”。

（4）能力的性别差异：许多研究发现，男女在一般能力因素上没有差异，性别差异反映在特殊能力因素上。

（5）能力差异形成的影响因素：形成能力差异的原因很复杂，概括来说，一切差异都是在遗传与环境两大因素的支配下，通过成熟与学习的交互作用而形成的。

1）遗传素质的作用：关于智力的许多研究表明，遗传与智力有着很大的联系，血缘关系越近，智力也越相似，即使分开教育培养，智力仍相似；反之，血缘关系越远，智力相似越小，即使生活在一起，智力相关性也不太高，这是遗传决定论者最有力的依据。

2）社会环境的作用：国内外有很多关于环境与智力关系的研究资料。有一项研究发现，同卵双生子在一起养大，环境相同，智力相关近0.9，若分开养大，环境不同，则降为0.8。亦有研究发现，缺乏刺激的环境对儿童的心理发展是有害的，如人际环境剥夺可以直接阻碍儿童的智力发展。

3）生活实践的作用：人的各种能力是在社会实践活动中最终形成起来的。离开了实践活动，即使有良好的素质、环境和教育，能力也难以形成和发展。由于实践的性质、广度和深度的不同，会形成各种不同的能力。

7. 智力测验 智力测验是在一定的智力理论和测量理论的指导下，通过测验的方法来衡量人的智力水平高低的一种科学方法。

（1）智商的概念：比率智商的计算公式为 $IQ=100\times MA/CA$。离差智商的公式为 $15(X-M)/S+100$。

（2）常用的智力测验量表有斯坦福-比内量表、韦克斯勒量表、瑞文测验。

（3）智力测验的局限与贡献。

智力测验的局限性表现为：其一，不能反映智力的各个方面；其二，只能反映个体当时的智力水平，不能描述发展的速度和趋势；其三，目前的测验属于速度测验，“快即聪明”原则不适合对潜能的测试；其四，任何测量都有误差，智力测验也不例外；其五，智力发展研究表明，IQ分数存在变异性，明显表现在3至12岁的儿童身上；其六，智力测验中的项目会受到文化背景的影响，没有绝对公平的智力测验。

其优点是：第一，可数量化描述测验编制中的预构智力；第二，能描述个体智力发展的水平，预测教育成就；第三，智力测验是目前评估个体智力发展水平和诊断精神发育迟滞的最快速、有效的工具；第四，对智力理论的研究贡献大，能被专业和非专业人员所接受。

（三）本章小结

本章介绍了能力和智力，尤其对能力的理论进行了重点介绍，同时，能力的差异和智力测验的内容对实际工作有指导性意义。

（高　岩）

三、习题及参考答案

一、单项选择题

1. 齐白石40岁才表现出绘画才能，达尔文50岁才有研究成果，是由于他们的（　　）

A. 特殊能力差　　B. 一般能力强

C. 智力早熟　　D. 大器晚成

2. 下列哪一种是特殊能力（　）

A. 记忆力　　B. 思维力

C. 注意力　　D. 绘画能力

3. 一个儿童的智商为120，表示他的智力属于（　　）

A. 智力中等　　B. 智力较低

C. 智力较高　　D. 智力超常

4. 下列哪一种是一般能力（　）

A. 记忆力　　B. 曲调感

C. 节奏感　　D. 彩色鉴别能力

5. 某人智力测验的成绩为60，同年龄组人群的平均成绩为80，标准差为10，他的离差智商是（　）

A. 70　　B. 85

C. 90　　D. 110

6. Spearman将人的能力分为一般能力和特殊能力，其中智力属于（　）

A. 一般能力　　B. 特殊能力

C. 晶体智力　　D. 流体智力

7. 采用韦氏成人智力测验，如果个体的智商范围在55~69分之间，按心理学分类，属于（　　）

A. 智力超常　　B. 智力中常

C. 边缘智力落后　　D. 轻度智力落后

8. 智力发展的关键期是（　）

A. 1~2岁　　B. 4~5岁

C. 7~9岁　　D. 14岁

二、多项选择题

1. 下列哪种能力属于特殊能力（　）

A. 记忆力　　B. 歌唱能力

C. 运动能力　　D. 绘画能力

2. 影响能力差异形成的因素有（　）

A. 遗传
B. 家庭环境
C. 生活实践
D. 学校教育

3. 常用的智力测验量表有( )

A. 斯坦福-比内量表
B. 韦克斯勒量表
C. 瑞文测验
D. MMPI

三、名词解释

1. 能力
2. 智力

四、简答题

1. 能力和知识、技能的关系是什么?
2. 常用的标准化智力测验有哪些?
3. 能力的形成和发展有哪些影响因素?
4. 智力发展的水平差异是如何表现的?

参考答案

一、单项选择题

1. D 2. D 3. C 4. A 5. A 6. A 7. D 8. B

二、多项选择题

1. BCD 2. ABCD 3. ABC

三、名词解释

1. 能力:是顺利地完成某种活动所必需具备的个性心理特征。
2. 智力:又称智能,指人们在获得知识以及运用知识解决问题时所必须具备的心理条件或特征,其核心是理解、判断或抽象思维能力。

四、简答题

1. 能力和知识、技能的关系是什么?

答案要点:能力与知识、技能是不同的概念,区别和联系并存。

能力与知识、技能的区别主要表现在四个方面。其一,所属的概念范畴不同。其二,形成与发展速度不同。其三,迁移范围不同。其四,现实表现不同。

能力与知识、技能的联系主要体现在两个方面。一方面,能力在掌握知识和技能的活动过程中形成和发展。另一方面,能力的发展水平直接制约掌握知识、技能的速度和程度,并制约知识、技能的运用。

2. 常用的标准化智力测验有哪些?

答案要点:斯坦福-比内量表、韦克斯勒量表、瑞文测验。

3. 能力的形成和发展有哪些影响因素?

答案要点:遗传素质的作用、社会环境的作用、生活实践的作用。

4. 智力发展的水平差异是如何表现的?

答案要点:智力发展水平的差异可以用智力测验所得到的智商分数表示出来。智商超过130分的,叫做智力超常;智商低于70分者称作低常或弱智;普通人的智商在100左右,称为中常。

(高 岩)

第十五章 气 质

一、学习要求

掌握内容：气质的概念；气质的学说；气质类型及其主要特征；气质研究的实践意义。

熟悉内容：气质的生理基础。

了解内容：气质类型的鉴定指标。

二、教材精要

（一）内容简介

本章介绍了气质的概念、生理基础、气质的类型及其主要特征、气质类型的鉴定指标、气质研究的实践意义。

（二）教材知识点

1. 气质的概述

（1）概念：气质是表现在心理活动的动力特征上的个性心理特征。气质具有以下特点：第一，气质是心理活动的动力特征的稳定表现。第二，气质具有天赋性。第三，气质具有稳定性与可塑性。

（2）气质的学说：包括气质与体液、气质与体型、气质与激素。

（3）气质的生理基础

第一，神经过程的基本特性。高级神经活动有两个基本过程，就是兴奋过程和抑制过程。这两个神经过程有三个基本特性：神经过程的强度、平衡性和灵活性。

第二，高级神经活动类型。主要包括强而不平衡的类型（兴奋型）、强而平衡、灵活的类型（活泼型）、强而平衡、不灵活的类型（安静型）、弱型（抑制型）。

第三，高级神经活动类型与气质。巴甫洛夫认为，四种基本的高级神经活动类型分别对应四种气质类型，即兴奋型对应胆汁质，活泼型对应多血质，安静型对应黏液质，抑制型对应抑郁质。不过，不能把神经类型和气质类型看成同一东西。

2. 气质的类型

（1）气质类型及其主要特征

第一，胆汁质最主要的特点是反应迅速但准确性不足，性情直率但易粗暴，为人热情但易冲动。

第二，多血质最主要的特点是灵活敏捷但持久性差，情感丰富但不深刻；接受能力强但常浅尝辄止。

第三，黏液质最主要的特点是反应缓慢但具有稳定性，沉着冷静但缺乏生气；踏实稳重但刻板冷漠。

第四，抑郁质最主要特点是外表温柔谦和但懦弱缄默；行动踏实谨慎但孤僻迟缓；情感体验深刻但过敏多疑。

（2）气质类型的鉴定指标

第一，气质类型的心理指标，包括感受性、耐受性、反应的敏捷性、可塑性、情绪兴奋性、倾向性。第二，气质类型的个性倾向指标。第三，气质类型的情绪特征指标。

3. 气质研究的实践意义

（1）气质与个体的发展。

（2）气质与职业选择。

（3）气质与因材施教。

（三）本章小结

本章介绍了气质，重点介绍了气质的概念、气质的学说和气质类型及其主要特征、气质研究的实践意义，还介绍了气质的生理基础、气质的类型及其主要特征。

（孙丽君）

三、习题及参考答案

一、单项选择题

1. 个体与生俱来的心理活动的动力方面的特征是（　　）

A. 气质　　B. 性格

C. 能力　　D. 个性

2. 感受性低，耐受性高，不随意反应性强、反应的不随意性占优势，外向性明显，情绪兴奋性高，抵制能力差，反应速度快而不灵活，是（　　）气质类型的特征

A. 多血质　　B. 胆汁质

C. 黏液质　　D. 抑郁质

3. 气质类型（　　）

A. 无好坏之分　　B. 有好坏之分

C. 一半好一半坏　　D. 说不清楚

4. 小莉活泼好动，热情大方，行动敏捷，适应力强，但做事缺乏耐心和毅力，稳定性差，由此可以判断她的气质类型是（　　）

A. 胆汁质　　B. 多血质

C. 黏液质　　D. 抑郁质

5. 一个人胆大好胜，自信、意志坚强，情绪易激动，这是在描述他的（　　）

A. 性格　　B. 习惯

C. 气质　　D. 能力

二、多项选择题

1. 下面关于气质和性格的说法中正确的有（　　）

A. 气质是先天的，但在一定条件下也可以改变；性格是后天形成的，但也具有一定的稳定性

B. 相对于气质来说，性格更具有社会道德评价意义

C. 气质和性格是个性的两个不同的组成部分，它们既有区别又有联系

D. 气质更多地体现了个性的生物属性，性格更多地体现了个性的社会属性

2. 下面关于气质的说法中正确的有(　　)

A. 气质的差异是先天的，但在一定条件下可以改变

B. 气质没有好坏之分

C. 气质不直接具有道德评价意义

D. 气质可以决定人的社会价值

3. 气质类型包括(　　)

A. 胆汁质　　B. 神经质

C. 多血质　　D. 抑郁质

三、名词解释

1. 气质

2. 胆汁质

四、简答题

1. 气质的特点有哪些?

2. 简述气质的体型说。

3. 气质的生理基础。

4. 气质类型及其主要特征。

参考答案

一、单项选择题

1. A　2. B　3. A　4. B　5. C

二、多选题

1. ABCD　2. ABC　3. ACD

三、名词解释

1. 气质：是表现在心理活动的动力特征上的个性心理特征。气质具有以下特点：第一，气质是心理活动的动力特征的稳定表现。第二，气质具有天赋性。第三，气质具有稳定性。

2. 胆汁质：胆汁质的人，具有很高的兴奋性，心理活动能快速爆发。特别是情绪方面，无论是高兴或忧愁都表现非常强烈，并具有突发、猛烈的特点但很快平息下去。因此，脾气暴躁冲动，好挑衅，态度直率，精力旺盛，行动表现生气勃勃，工作顽强有力。思维不太灵活，理解问题有粗心大意不求甚解的倾向。概括地说，胆汁质最主要的特点：是反应迅速但准确性不足，性情直率但易粗暴，为人热情但易冲动。

四、简答题

1. 气质的特点有哪些?

答案要点：第一，气质是心理活动的动力特征的稳定表现。心理活动的动力特征，是指心理活动在强度、速度、稳定性、指向性等方面的特点。第二，气质具有天赋性。人的气质主要是由先天的高级神经活动类型所决定的，因而具有天赋性。第三，气质具有稳定性与可塑性。在个性结构中，由于更多受先天神经系统特性的影响，气质比起能力、性格以及兴趣、需要等，更具有稳定性。在一般情况下，一个人一生当中很难完全改变自己的气质类型。

2. 简述气质的体型说。

答案要点：德国精神病学家克瑞奇米尔(E. Kretschmer)把人的体格类型分为三种：肌肉发达的强壮型，高而瘦的瘦长型和矮而胖的矮胖型。他认为，不同体型的人具有不同的

气质，正常人与精神病患者只有量的差别，没有质的不同。矮胖型的人，活泼好动、情绪不定，具有躁狂抑郁症的特征；瘦长型的人，内向孤僻、寡言多思，具有精神分裂症的特征；强壮型的正义节俭、遵守秩序，具有癫痫症的特征。因此，他将人的气质也分为：躁郁气质、分裂气质和粘着气质。美国心理学家谢尔顿（W. H. Sheldon）受克瑞奇米尔的影响，对气质与体型的关系进行了更为深入的研究，把人的体型分为三种主要类型：内胚叶型（柔软、丰满、肥胖）、中胚叶型（肌肉骨骼发达、坚实、体态呈长方形）和外胚叶型（高大、瘦长、体质虚弱）。相应的人的气质也分三种：内胚叶型的人图舒服、闲适、乐群，属于内脏气质型；中胚叶型的人好动、自信、独立性强、爱冒险，属于肌肉气质型；外胚叶型的人爱思考、压抑、约束，属于脑髓气质型。他还发现体型与气质之间有高达0.8左右的正相关。不过，现代心理科学认为，尽管气质与体型之间存在某种相关，但并非像上述那样简单而直接。且两者虽有相关，但是不能认为两者之间存在因果关系。体型说过分夸大了生物因素中体型的作用，而忽略了社会生活因素的影响。而克瑞奇米尔的学说又将一切都归为精神病患者，显然是片面的。

3. 气质的生理基础。

答案要点：第一，神经过程的基本特性。高级神经活动有两个基本过程，就是兴奋过程和抑制过程。这两个神经过程有3个基本特性：神经过程的强度、平衡性和灵活性。

第二，高级神经活动类型。主要包括强而不平衡的类型（兴奋型）、强而平衡、灵活的类型（活泼型）、强而平衡、不灵活的类型（安静型）、弱型（抑制型）。

第三，高级神经活动类型与气质。巴甫洛夫认为，4种基本的高级神经活动类型分别对应4种气质类型，即兴奋型对应胆汁质，活泼型对应多血质，安静型对应黏液质，抑制型对应抑郁质。不过，不能把神经类型和气质类型看成同一东西。

4. 气质类型及其主要特征。

答案要点：（1）胆汁质及其主要特征：胆汁质的人，具有很高的兴奋性，心理活动能快速爆发。特别是情绪方面，无论是高兴或忧愁都表现非常强烈，并具有突发、猛烈的特点但很快平息下去。因此，脾气暴躁冲动，好挑衅，态度直率，精力旺盛，行动表现生气勃勃，工作顽强有力。思维不太灵活，理解问题有粗心大意不求甚解的倾向。概括地说，胆汁质最主要的特点：是反应迅速但准确性不足，性情直率但易粗暴，为人热情但易冲动。

（2）多血质及其主要特征：多血质的人，表情富于生动，容易产生也容易变化，情感不深挚。思维反应敏捷灵活，但理解问题往往肤浅；善于交往，容易跟人接近；活泼好动，爱好广泛，但兴趣和注意容易转移，工作热情富于效能性，有一定的自制能力。概括地说，多血质最主要的特点：是灵活敏捷但持久性差，情感丰富但不深刻；接受能力强但常浅尝辄止。

（3）黏液质及其主要特征：黏液质的人，安静平和，很少有情绪波动，难得看到放声大笑和大发脾气；面部表情不生动，行为举止镇定而缓慢；平时沉默寡言，从不与人交谈，较少交往。有耐心和能自制；思维的灵活性较低，但考虑问题细致，不容易改变旧习惯而适应新环境；兴趣、注意稳定不容易转移。概括地说，黏液质最主要的特点，是反应缓慢但具有稳定性，沉着冷静但缺乏生气；踏实稳重但刻板冷漠。

（4）抑郁质及其主要特征：抑郁质的人，具有高度的敏感性，情绪容易多愁善感，观察细心，感受性高，能觉察和体验一般人觉察不出来的细节；容易疲劳，不能经受强刺激；很少在集体活动中表现自己，尽量摆脱出头露面工作，但做起工作细致；外表沉稳，但不喜欢交际显得孤僻；反应不够灵活，动作迟缓而明显无力。概括地说，抑郁质最主要特点：是外表温柔谦和但懦弱缄默；行动踏实谨慎但孤僻迟缓；情感体验深刻但过敏多疑。

（孙丽君）

第十六章　性　格

一、学习要求

掌握内容：性格的概念；性格的基本特征；性格与气质、能力的关系；性格的结构；性格的态度特征的概念，性格的理智特征的概念，性格的情绪特征的概念，性格的意志特征的概念；性格的心理倾向说；影响性格形成和发展的因素。

熟悉内容：性格的行为模式说；性格的生活倾向说；性格的职业选择说。

了解内容：性格的机能类型说；性格的认知风格说；性格取向说；性格的测量；投射测验法。

二、教材精要

（一）内容简介

本章介绍了性格的概念、基本特征、与气质、能力的关系；重点介绍了性格的结构，并分析了性格的静态结构和动态结构、各种常见的性格理论以及影响性格形成和发展的各种因素。最后还介绍了问卷法和投射测验法2种常用的测量性格的方法。

（二）教材知识点

1. 性格的概述

（1）概念：表现在人对现实的稳定态度和习惯化了的行为方式上的心理特征。

（2）基本特征：第一，独特性。表现在它不是个体全部心理特征的机械组合，只有那些能反映个体独特性的心理特征才能构成一个人的性格特征。第二，统一性。表现为性格是稳定的态度和习惯化了的行为方式的有机统一。第三，社会制约性。性格主要是后天社会环境的产物，因而具有社会制约性。主要表现在3个方面：性格的内容是对客观现实的反映；性格形成和发展的动态过程，是在社会环境影响下形成和发展的，并随着社会环境的改变而具有可塑性；性格的评价因反映了个性的社会属性，而具有明确的社会道德评价意义。第四，稳定性与可塑性。性格具有稳定性。因而只有那些反映个体稳定倾向的心理特征，即稳定的态度以及习惯化了的行为方式才能反映人的性格特征；性格还具有可塑性，是稳定性与可塑性的统一。表现在性格会随着后天社会环境的改变而发生相应的变化，从而具有可塑性。

（3）与气质、能力的关系：相互联系、彼此制约，在个体身上表现为一个有机的个性心理特征整体。

性格与气质的关系：两者关系密切，它们既相互联系又有区别。

性格与气质的联系主要体现在3个方面：首先，从气质对性格的影响来看：气质不仅影响性格的表现方式，使性格特征表现出个体独特的色彩；气质还影响性格形成和变化的难易或快慢。其次，从性格对气质的影响来看，性格可以在一定程度上掩盖甚至改造气质的某些特征，从而使气质特征更好地服从于社会实践的要求。再次，两者的密切关系还表现为，相同气质类型者可以形成不同的性格特征；而不同气质类型者也可以形成相同的性格特征。

性格与气质的区别主要体现在3个方面。首先，在起源上，气质具有先天性，主要受人的高级神经活动类型影响；性格是后天的，主要受人与社会环境的相互作用的影响。其次，在可塑性上，气质的可塑性较小，变化既难且慢；性格的可塑性较大，变化既易又快。再次，在社会评价上，气质仅反映人的心理活动的动力特征，与活动的内容无关，无好坏之分；性格涉及心理活动的内容，受社会规范制约和评价，有好坏之分。

性格与能力的关系：性格与能力的形成、发展有着相辅相成的关系。人在实践活动中，不仅形成、发展着相应的能力，而且形成、发展着各种性格特征。一方面，某些能力的形成与发展，有助于相应性格的形成与发展。另一方面，性格对能力的形成和发展起着制约作用。

2. **性格的结构**

（1）性格的静态结构：主要指对性格的描述性分析。我国心理学界倾向于从性格的态度特征、理智特征、情绪特征及意志特征等4个维度来进行描述。性格的态度特征是指人对待现实的态度体系的性格特征，是性格结构中最重要的组成部分。主要包括对社会、集体和他人的态度；对自己的态度以及在对劳动、工作和学习的态度中表现出来的性格特征；性格的理智特征是指人们表现在认识活动方面的性格特征，主要包括在感知、记忆、想象、思维方面表现出来的性格特征；性格的情绪特征是指人们在情绪活动中经常表现出的一些具有稳定倾向的个体差异，主要表现在情绪的强度、稳定性和持久性以及主导心境等方面；性格的意志特征是指在意志活动中，人们对自身行为的自觉调控方式和水平方面表现出的性格特征，主要体现为对行为目标的明确程度及自觉调控水平、在紧急状况或困难情境中，以及在长期和经常的工作中表现出的性格特征。

（2）性格的动态结构：各种性格特征并非孤立地存在于个体身上，而是相互联系、彼此制约，共同构成了一个有机的性格整体；这些性格特征会根据环境和实践活动的需要而表现出不同的结合方式，并具有随环境改变而改变的特性。性格结构具有的上述整体性、情境性、可塑性的特性就充分体现了性格结构的动态性。

3. **性格理论**

（1）机能类型说：英国心理学家培因和法国心理学家李波，依据理智、情绪和意志3种心理机能何者在性格结构中占据优势，相应地把人的性格划分为理智型、情绪型和意志型3种类型。其中理智型者一般是用理智的尺度衡量一切，处事冷静而善于思考；情绪型者易于感情用事，不善于冷静思考，但情绪体验深刻；意志型者通常表现为行为目标明确，勇于克服困难、意志坚定而自制。

（2）心理倾向说：瑞士心理学家荣格根据人的心理活动是倾向于外部还是内部，把人的性格分为外倾型和内倾型，以及介于两者之间的中间型3种类型。其中，外倾型者的心理活动倾向于外部世界；内倾型者的心理活动则倾向于关注主体内部世界；中间类型者兼具上述两种性格类型的特点。

（3）加工方式说：威特金在知觉研究中发现人们存在着场独立和场依存两种不同的信

息加工方式，相应地把人的性格分为场独立型和场依存型2类。其中，场独立型倾向于以内在参照作为信息加工的依据，不易受外在环境干扰，善于独立地对事物作出分析和判断、社会敏感性差，喜欢孤独的非人际情境；场依存型倾向于以外在参照作为信息加工的依据，易受外在附加物的干扰、社会敏感性较高，关心他人提供的社会线索。

（4）生活倾向说：德国心理学家斯普兰格把人类的社会生活方式分为理论的、经济的、审美的、社会的、权力的和宗教的6种类型，并由此把人的性格也划分为相应的6种类型：理论型、经济型、审美型、社会型、权力型和宗教型，并认为只有极少数人属于单一类型，大多数人都属于混合型。理论型的人以知识体系作为衡量事物价值的尺度，把认识事物的本质、追求理想及真理作为生活目标；经济型的人往往以经济价值看待一切事物，以实际功利来评价事物的价值；审美型的人倾向于把审美价值作为衡量客观事物的尺度，对实际生活漠不关心；社会型的人重视爱，以关爱和帮助他人为人生的最高价值；权力型的人常把获得更多权力及享受权力作为判断事物价值的标准，具有强烈的权力意识及支配他人的欲望；宗教型的人坚信宗教，生活在信仰中，总能感受到上帝的拯救和恩惠。

（5）性格取向说：美国心理学家弗洛姆将某些性格特征具有共同的倾向称为性格取向。并根据占主导地位的性格取向来划分个体的性格类型，从而把人的性格划分为2大类型：生产取向型和非生产取向型。其中生产取向型是一种健康的性格，是人类发展的一种理想境界或目标，并体现在人的思维、工作和情感过程中；非生产取向是一种不健康的、病态的性格，它包含接受取向、剥削取向、储藏取向、市场取向等。个体身上积极的和消极的性格特征的比例，将决定其心理是否健康。

（6）职业选择说：美国心理学家霍兰德根据性格特征与职业选择的关系，把人的性格划分为6种类型：现实型者注重物质和实际利益、遵守规则、喜安定，适合从事那些具有明确要求、能按既定程序进行操作的职业；研究型者好奇心强、重分析，适合从事需要进行观察及科学分析的创造性工作；艺术型者想象力丰富、富有独创性，适合从事无固定程序、较少拘束的工作；社会型者乐于助人、善于社交、责任感强，适合从事教育、医疗与他人关联较多的工作；企业型者有冒险精神、自信而精力旺盛、喜欢支配他人有主见，适合从事组织、领导类的工作；常规型者易顺从、能自我抑制、想象力差、喜欢有秩序的环境，对重复性或习惯性的工作感兴趣。

（7）行为模式说：弗里德曼和罗森曼研究了某一类群体的性格特征与患病之间的关系，尤其是与冠心病之间的关系，并据此确定了A型、B型2种行为模式，最近研究者又提出了第3种行为模式，即C型性格。A型性格者极端好胜、富有攻击性、缺乏耐心、有时间紧迫感和怀有敌意，通常对生活的某些核心方面感到不满，极富竞争性且野心勃勃，因而比一般人群更容易患冠心病；B型性格者总是以放松的姿态去面对他们所处的环境，较少竞争性，较少敌意，对工作和生活比较满足，喜欢慢步调的生活节奏；C型性格者是善良，隐忍或自我牺牲的，易于合作且愉快，不果断，有耐心，服从外部权威，而且不将消极情绪外露，此类性格可以预测哪些个体更易于患上癌症或加速其病程。

4. 影响性格形成和发展的因素

性格是个体在社会实践活动中，在主体与环境相互作用过程中逐渐形成和发展起来的，并受到主体自我意识的调控。

（1）机体因素：个体出生时首先是作为一个生物有机体而存在。因此，社会影响首先通过个体外在的机体特征对其性格形成产生作用。

（2）社会文化因素：每个人都生活在特定的社会文化环境之中。社会的政治经济发展、文化传统、价值观念、生产方式以及风俗习惯等方面的特点，都会对个体性格的形成和发展产生深刻影响。社会文化因素对个体性格的影响主要是通过社会文化、社会规范、社会舆论、大众传媒以及社会职业等因素来实现的。此外，家庭、学校、社会团体及各种社会关系等社会因素对个体性格的形成和发展的影响也不容忽视。

（3）家庭因素：家庭是构成社会的细胞，也是儿童出生后最早接触到的社会环境，各种社会文化传统及道德观念最初就是通过家庭来影响儿童的性格的。家庭因素主要通过教养方式、母子关系、父子关系和家庭结构等方面来影响性格。

（4）学校教育因素：学校是儿童有目的、有计划、系统地接受社会文化教育的重要场所，因而对其性格的形成也起着重要作用。学生在学校里不仅学习、掌握系统的文化科学知识，而且发展智力，接受着一定的社会价值观念、道德标准等方面的教育，并在上述过程中形成自己的性格特征。学校教育主要通过校风、班风、舆论气氛、教师的言行态度以及学生在班集体中的地位等因素影响性格的形成。

（5）自我因素：外部环境只有通过主体的自我调控系统才能产生影响。性格的形成和发展更主要是主体有意识的自我培养和自我塑造的过程。

5. 性格测量

（1）问卷法：最常用的测量性格的方法。因通过性格的自我评定问卷来鉴别一个人的性格，所以又被称为性格的自陈问卷。这类问卷一般由若干描述性格特征的项目组成，采用客观测验的形式，要求被试根据自身的性格特点做答。常用的自陈问卷通常是按经验建构法、逻辑建构法、因素分析建构法 3 种方法编制而成的。其中，经验建构法是指使用若干题目对不同类型组（如正常组与精神障碍组）被试加以测试，并把其中能将不同类型被试区分开来的题目保留下来编入问卷的方法；逻辑建构法是指依据某种性格理论或推理来编制问卷的题目；因素分析建构法是借助因素分析的方法，将测题中相关性高的题目编为同质组，且该组题目应与其他组题目间的相关较低或无相关。

（2）投射测验法：以弗洛伊德心理分析的个性理论为依据的。该理论认为人的行为是由潜意识中受压抑的本能驱力所推动，因此，很难通过自陈式问答直接了解一个人的情感和欲望。但如果给被试呈现一些模棱两可的刺激情境，其潜意识中的欲望和情感则有可能会通过这些情境而投射出来，进而可了解其性格。投射测验就是根据上述理论设想进行设计的。测验通常由若干未经组织、模棱两可的刺激组成，让被试在极短的时间内对刺激作出任意解释，从而使其动机、态度、情绪及性格等特征在不知不觉中得以显露，并通过主试的分析来推断其性格特征。

（三）本章小结

本章介绍了性格的相关内容；重点介绍了性格的静态结构和动态结构、性格理论，以及影响性格形成和发展的因素。性格在个性心理特征的 3 个组成部分中具有核心意义，对个体适应环境、生涯发展及心理健康状况等方面均有较大影响。

（吕　航）

三、习题及参考答案

一、单项选择题

1. 表现为人对现实的稳定态度和习惯化了的行为方式上的心理特征被称为(　　)

A. 性格　　B. 气质

C. 能力　　D. 情绪

2. 下列关于性格和气质的描述中正确的是(　　)

A. 性格的可塑性较小

B. 气质的可塑性较大，变化既易且快

C. 气质有好坏或善恶之分

D. 性格主要受人与社会环境的相互作用的影响

3. 根据人的心理活动是倾向于外部还是内部，从而把人的性格分为外倾型和内倾型的心理学家是(　　)

A. 霍兰德　　B. 斯普兰格

C. 威特金　　D. 荣格

4. 人们在认识活动方面表现出的性格特征被称为(　　)

A. 性格的意志特征　　B. 性格的态度特征

C. 性格的理智特征　　D. 性格的情绪特征

5. 下列描述中不属于性格的情绪特征的是(　　)

A. 情绪的强度

B. 情绪的稳定性和持久性

C. 主导心境

D. 对行为目标的明确程度及自觉调控水平

6. 在性格的各种特征中，处于核心地位的是性格的(　　)特征

A. 情绪　　B. 理智

C. 态度　　D. 意志

二、多选题

1. 影响性格形成和发展的因素包括(　　)

A. 社会文化因素　　B. 机体因素

C. 家庭因素　　D. 自我因素

2. 性格的基本特征包括(　　)

A. 独特性　　B. 统一性

C. 社会制约性　　D. 稳定性与可塑性

3. 性格的静态结构包括(　　)

A. 性格的情绪特征　　B. 性格的意志特征

C. 性格的理智特征　　D. 性格的态度特征

三、名词解释

1. 性格

2. 性格的态度特征

3. 性格的理智特征

4. 性格的情绪特征
5. 性格的意志特征

四、简答题

1. 如何看待性格与气质、能力之间的关系?
2. 性格的基本特征有哪些?
3. 怎样分析性格的结构?
4. 如何进行性格的自我完善?

参考答案

一、单项选择题

1. A. 2. D 3. D. 4. C. 5. D. 6. C

二、多项选择题

1. ABCD. 2. ABCD 3. ABCD

三、名词解释

1. 性格:表现在人对现实的稳定态度和习惯化了的行为方式上的心理特征。

2. 性格的态度特征:指人对待现实的态度体系的性格特征,是性格结构中最重要的组成部分。

3. 性格的理智特征:指人们表现在认识活动方面的性格特征。

4. 性格的情绪特征:指人们在情绪活动中经常表现出的一些具有稳定倾向的个体差异。

5. 性格的意志特征:指在意志活动中,人们对自身行为的自觉调控方式和水平方面表现出的性格特征。

四、简答题

1. 如何看待性格与气质、能力之间的关系?

答案要点:三者相互联系、彼此制约,在个体身上表现为一个有机的个性心理特征整体。

(1)性格与气质的关系:两者关系密切,它们既相互联系又有区别。

性格与气质的联系主要体现在3方面:首先,气质可影响性格的表现方式及其形成和变化的难易或快慢。其次,性格可在一定程度上掩盖甚至改造气质的某些特征,从而使气质特征更好地服从于社会实践的要求。再次,相同气质类型者可以形成不同的性格特征;而不同气质类型者也可以形成相同的性格特征。

性格与气质的区别主要体现在3个方面。首先,在起源上,气质具有先天性,主要受人的高级神经活动类型影响;性格是后天的,主要受社会环境的影响。其次,在可塑性上,气质的可塑性较小,变化既难且慢;性格的可塑性较大,变化既易又快。再次,在社会评价上,气质仅反映人的心理活动的动力特征,无好坏之分;性格涉及心理活动的内容,受社会规范制约和评价,有好坏之分。

(2)性格与能力的关系:性格与能力的形成、发展有着相辅相成的关系。人在实践活动中,不仅形成、发展着相应的能力,而且形成、发展着各种性格特征。一方面,某些能力的形成与发展,有助于相应性格的形成与发展。另一方面,性格对能力的形成和发展起着制约作用。

2. 性格的基本特征有哪些?

答案要点:(1)独特性。表现在它不是个体全部心理特征的机械组合,只有那些能反映个体独特性的心理特征才能构成其性格特征。

（2）统一性。表现为性格是稳定的态度和习惯化了的行为方式的有机统一。

（3）社会制约性。性格主要是后天社会环境的产物，因而具有社会制约性。主要表现在性格的内容、性格形成和发展的动态过程以及性格的评价都具有社会制约性。

（4）稳定性与可塑性。性格具有稳定性，只有那些反映个体稳定倾向的心理特征，才能反映人的性格特征；性格还具有可塑性，表现在性格会随着后天社会环境的改变而发生相应的变化。

3. 怎样分析性格的结构？

答案要点：（1）性格的静态结构：主要指对性格的描述性分析。主要从性格的态度特征、理智特征、情绪特征及意志特征等4个维度来进行描述。性格的态度特征是指人对待现实的态度体系的性格特征，是性格结构中最重要的组成部分。主要包括对社会、集体和他人的态度；对自己的态度以及在对劳动、工作和学习的态度中表现出来的性格特征；性格的理智特征是指人们表现在认识活动方面的性格特征，主要包括在感知、记忆、想象、思维方面表现出来的性格特征；性格的情绪特征是指人们在情绪活动中经常表现出的一些具有稳定倾向的个体差异，主要表现在情绪的强度、稳定性和持久性以及主导心境等方面；性格的意志特征是指在意志活动中，人们对自身行为的自觉调控方式和水平方面表现出的性格特征，主要体现为对行为目标的明确程度及自觉调控水平、在紧急状况或困难情境中，以及在长期和经常的工作中表现出的性格特征。

（2）性格的动态结构：各种性格特征并非孤立地存在于个体身上，而是相互联系、彼此制约，共同构成了一个有机的性格整体；这些性格特征会根据环境和实践活动的需要而表现出不同的结合方式，并具有随环境改变而改变的特性。性格结构具有的上述整体性、情境性、可塑性的特性就充分体现了性格结构的动态性。

4. 如何进行性格的自我完善？

答案要点：性格是个体在社会实践活动中，在主体与环境相互作用过程中逐渐形成和发展起来的，并受到主体自我意识的调控。

（1）机体因素：个体外在的机体特征对其性格形成产生影响。

（2）社会文化因素：每个人都生活在特定的社会文化环境之中。社会的政治经济发展、文化传统、价值观念、生产方式以及风俗习惯等方面的特点，都会对个体性格的形成和发展产生深刻影响。社会文化因素对个体性格的影响主要是通过社会文化、社会规范、社会舆论、大众传媒以及社会职业等因素来实现的。

（3）家庭因素：各种社会文化传统及道德观念最初就是通过家庭来影响儿童的性格的。家庭因素主要通过教养方式、母子关系、父子关系和家庭结构等方面来影响性格。

（4）学校教育因素：学校是儿童有目的、有计划、系统地接受社会文化教育的重要场所，因而对其性格的形成也起着重要作用。学生在学校里不仅学习、掌握系统的文化科学知识，而且发展智力，接受着一定的社会价值观念、道德标准等方面的教育，并在上述过程中形成自己的性格特征。学校教育主要通过校风、班风、舆论气氛、教师的言行态度以及学生在班集体中的地位等因素影响性格的形成。

（5）自我因素：外部环境只有通过主体的自我调控系统才能产生影响。性格的形成和发展更主要是主体有意识的自我培养和自我塑造的过程。

（吕 航）